il était une fois
UNE RADIO

nou balanse n pa tonbe

Radio Haiti-Inter

AM 1330   FM 106

Un Cas de la Liberté d'Expression

Weiner Marthone

Dédicace

Jonathan Demme

L'écho que devait faire l'annonce de la mort de Jonathan Demme, n'était pas retentissant dans le monde haitien, si vrai qu'on n'avait même pas pensé de mentionner son nom dans les journaux, en Haiti comme ailleurs.

Pourquoi ? Sommes-nous condamnés à oublier ceux qui ont combattus pour la liberté d'expression dont nous sommes les bénéficiaires ?

Mémoire courte peut-être. Diagnostic tout à fait correct, ou plutôt une affaire de complaisance ? Complaisance, oui et cela été l'une des multiples inquiétudes de Jean Dominique.

Quel que soit notre position sur le champ de jeu, il est important de nous arrêter un moment pour nous ressouvenir de toutes les figures emblématiques de notre liberté, sans exception. Jonathan Demme, dans ce sens, a été notre ami. Il a été notre frère.

La vérité. Si ce n'était pas Jonathan Demme, dans son documentaire, l'Agronomist, nous n'aurions jamais connu les antécédents sur l'assassinat de Jean Léopold Dominique et de Jean-Claude Louissaint.

C'est pourquoi, jodiya nap di oshan pou Jonathan Demme!

February 22, 1944 - April 26, 2017
R.I.P

LORSQU'ON S'EN PREND A LA LIBERTE D'EXPRESSION D'UN INDIVIDU OU D'UN GROUPE DE GENS, C'EST UN ATTENTAT A LA LIBERTE D'EXPRESSION DE TOUT LE PEUPLE QU'ON S'EN PRENNE. L'ARBITRAIRE, SOUS TOUTES SES FORMES, NE DOIT EXISTER DANS UNE HAITI VRAIMENT DEMOCRATIQUE ET LIBRE.

VERITAS

Martin Luther King Jr, said, the ultimate measure of a man is not where he stands in moments of comfort and convenience, but where he stands at times of challenge and controversy..

Table des Matières

Préface

Thélusma

C'est en bon journaliste que l'auteur de "Il était une fois, UNE RADIO, nou balancé n'pa tombé" parcourt les évènements qui nous sont contemporains en Haiti. Toutefois, avec un seul souci : préserver la liberté d'expression, chère aux combats démocratiques de 1986 à travers la culture, mémoire quotidienne. W. Marthone raconte en introduction comment le fameux séisme de 2010, un article du Nouvelliste et l'assassinat de Jean Léopold Dominique l'ont fait sortir de "l'ombre".

Comment les stigmates laissés par la disparition de cette icône de la parole libre et critique qu'est Jean Dominique, ont entravé davantage le mieux-être collectif haitien. D'ailleurs, il constate que "nous avons perdu des personnalités irremplaçables dans notre société qui auraient pu nous aider à sortir le pays de ce marasme".

Telle une caméra-vidéo, ce livre explore sans grandiloquence les évènements des années 2000 avec un accent particulier sur les faits caractéristiques du tournant que prend Haiti.

Ainsi, dans "Une Lettre à Dédé", des voeux et conseils sont allègrement formulés à l'endroit du commun des mortels Haitiens, le chapitre éponyme campe la Radio Haiti-Inter comme un modèle de combat - à travers les figures de Jeando, Philo, Liliane, Marvel, etc. dont il faut s'inspirer.

Aussi en profite-t-il pour invectiver les tenants du mal-développement en Haiti. Dans "Haiti et les fauteurs de troubles" (p.98-99), il impute l'échec du suffrage universel à ceux-là qui "veulent toujours exciter les mauvaises ambitions et les anciennes passions". Dans l'"Assassinat de l'inspecteur Baggar Saint-Cyr", par exemple, il reconstitue la trame du meurtre à l'aide de clichés successifs en révélant l'impuissance de la police nationale et en réclamant le soutien de la population.

Malgré la part considérable qu'il accorde à Haiti dans "Il était une fois...", l'actualité internationale est aussi mise à profit. De "Calais, France : une crise migratoire", en passant par "Mexique: visite du pape François" à l'"Affaire de Charlie Hebdo", les tensions politiques l'interpellent au plus haut point et sont une occasion pour lui de nous inviter à être plus attentifs aux évènements apparemment anecdotiques.

À travers ces 298 pages, "Il était une fois, une radio Nou Balancé n'pa Tombé" nous veut témoins au lieu d'être spectateurs hagards.

Emmanuel Thélusma.
Journaliste, Le Nouvelliste..

Introduction

Radio Haiti-Inter était à l'avant-garde dans le domaine de radio diffusion de nouvelles en langue créole. Avant mon départ d'Haiti, il était coutumier d'entendre l'éditorial de sept heures chaque matin avant d'aller à l'école. Les risques qu'ils courent pour liberer la parole était sans précédent dans les annales de l'histoire de la radio en Haiti. Le créole, à l'époque était une langue interdite non seulement dans les salles de classe, mais surtout sur la cour de récréation, et les affiches étaient disséminés avec une telle arrogance que personne n'osait contester.

Ce livre est écrit pour démontrer mon indignation, et d'exprimer ma profonde gratitude et mes regrets pour avoir été absent lors des grands moments de bouleversement. Ce devoir de mémoire s'addresse également aux disparus et à leurs familles qui ont fait l'ultime sacrifice pour la liberté d'expression en Haiti..

Un article paru dans Le Nouvelliste, intitulé, Sortez de l'Ombre m'avait beaucoup encouragé d'écrire ouvertement, ct pour le bon plaisir de tous mes compatriotes d'Haïti avec qui je partageais des idées, pensant que je pourrais faire une différence dans leurs vies, comme je l'ai si bien fait pour quelques membres de ma propre famille.

Autre chose qui m'a déterminé, l'autre moment catalyseur pour moi a été l'assassinat de Jean Léopold Dominique, PDG et directeur de Radio Haïti Inter, que j'écoutais tous les matins avant d'aller à l'école à Port-au-Prince. On a aussi tué Louissaint, un employé de la station. Tout cela se passait sous le règne d'un Président élu démocratiquement, René Préval.

La nouvelle se retentit comme un feu de paille, et les spéculations ne manquaient pas sur ceux qui avaient commis cet acte barbare.

Cinq ans, dix-ans, et maintenant il va y avoir dix-neuf ans depuis que deux êtres humains ont été assassinés sur la cour d'une station de radio, et dans un pays surpeuplé, sans qu'il y ait au moins un seul témoin pour aider la justice dans son enquête et finaliser ce dossier.

Les haitiens observent ce qu'on appelle, un code de silence. Ajoutons à cela, la complaisance quotidienne, et nous avons concocté une recette pour l'impunité à vie dans notre société et par surcroit dans notre système de justice.

Nous sommes choqués du fait que malgré tout ce temps, on continue à assassiner les gens à longueur de journée en Haiti.

À l'instant même où j'écris ces lignes, j'ai le souvenir de trois autres assassinats dans la mémoire.

Je me souviens du meurtre d'un ancien militaire lors d'une démonstration anti-Martelly à Port-au-Prince. Ce monsieur défilait dans les rues de la capitale. Ce vieillard était attaqué et tué en plein jour et sur le feu des caméras, et cela a été d'une répugnance telle qu'il me serait difficile de la décrire en quelques lignes.

Aussi, dans un autre souvenir récent, nous avons assisté au film du meurtre d'un inspecteur de la Police Nationale d'Haiti, M. Baggar St-Cyr. Ce film nous fait voir qu'il y a beaucoup de travail à faire dans notre pays pour empêcher que la criminalité ne devienne une mode de vie pour les générations à venir.

Vous verrez tous les détails dans l'analyse du film dans les pages qui suivent.

Autre assassinat aussi écœurant que les deux autres, a été celui d'une missionnaire dévouée, qui n'avait pas marchandé ses services aux pauvres et aux démunis de la région métropolitaine. Elle aussi, a été assassinée au volant de sa voiture SUV, après avoir effectué une transaction bancaire.

Pour nous qui vivons de l'autre côté de l'Atlantique, nous devenons inquiets pour avoir vu autant de crimes commis sans qu'il y ait justice pour les familles affectées. Souvent il parait qu'on a l'habitude de blâmer les morts et leurs familles, plutôt que de dénoncer publiquement les bandits et les assassins.

Ensuite, l'assassinat que nous connaissons tous et qui n'a cessé d'être un objet de honte pour tous nos soi-disants démocrates, celui qu'on avait perpétré sur la personne de Jean Léopold Dominique et de Louissaint.

D'après les sondages, ces assassins circulent librement.

J'ai voulu écrire un livre utile et c'est ce qui m'a déterminé de raconter l'histoire de Radio Haiti-Inter. Je n'ai aucun intérêt personnel sur le sujet.

Étant donné que je suis un citoyen émancipé, donc, j'ai pour devoir de servir de phare aux autres. Si mes anciens professeurs, Roger Gaillard, Rémy Zamor étaient des égoistes, ils ne sauraient être intéressés dans l'instruction constructive de notre génération.

C'est à leur mémoire que j'écris aujourd'hui. Roger Gaillard a été souvent l'invité spécial de Jean Dominique sur les ondes. Et ce fut pour moi, son élève, une joie de l'entendre parler de ses fabuleux Cacos et aussi d'entendre cette même voix en classe terminale. Donc, tout s'enchaine dans ce bas monde.

Il y a certains esprits qui prônent l'isolement. Ils veulent tourner l'horloge en arrière, ériger des remparts, et faire construire des forteresses pour nous etouffer là-dedans. Ces mêmes personnes affichent souvent un nationalisme permanent pour fanatiser le peuple. Souvent, ils disent qu'ils aiment Haiti, mais lorsqu'on leur donne un job de Président, Sénateur, Député, Maire etc. ils obstruent tout ce qui est progressiste et qui pourrait faire bouger le pays. Ils refusent de se présenter en assemblée, et ne votent pas des lois favorables au développement. Pourtant ils flannent partout avec les véhicules de l'Etat, prennent l'avion pour aller faire je ne sais quoi à l'étranger. Ils se réjouissent, effectuent des voyages fantaisistes un peu partout dans le monde, alors que le peuple lui, vit dans une misère incroyable.

Ils pensent que, devenir un officiel du gouvernement, cela vous donne le droit à tout faire sur les frais de l'Etat, ils sont des officiels touristes, qui ne pourront pas payer eux-mêmes les frais de ces voyages, mais jugent important que l'Etat haitien paye pour leurs vacances.

Radio Haiti-Inter avait bien compris le jeu. C'est pour cela qu'ils avaient commencé à radiodiffuser les nouvelles en kreyol. C'était pour nous éclairer, pour nous faire sortir de notre état d'hypnose, parce que la dictature a voulu faire de nous des zombis, des personnes sans opinion et sans aucun sens d'esprit critique.

Je n'ai connu l'équipe de Radio Haiti-Inter que de voix et de nom. C'est pour démontrer le degré d'indignation dont je ressens surtout que j'écris ce livre ; en principe et en fait, tous les profits de vente seront acheminés, comme les autres, lors de la 22e édition de Livres en Folie, à l'école Saint-Vincent de Paul à Port-au-Prince. Je n'ai jamais gagné un sou dans mon pays d'origine et on ne va pas cesser cette tradition aujourd'hui. L'unique chose que j'avais prise d'Haiti et dont je suis reconnaissant, a été mon éducation scolaire. Donc, l'homme qui transmet ce message est capable regarder n'importe quel Haïtien ou étranger droit dans les yeux pour lui dire les quatre vérités.

Malgré notre vigilance, nous avons perdu des personnalités irremplaçables dans notre société qui auraient pu nous aider à sortir ce pays de son marasme. Ces pages ne suffiront pas. Le peuple que j'avais connu, si vertueux, si honnête, n'est plus le même.

Où aboutira ce chaos ? À vous d'en juger. Mesdames et messieurs les lecteurs, je vous présente il Etait une fois, UNE RADIO.

Une Lettre à Dédé

Cette année, en même temps que des lettres
de vœux pour le Nouvel An, j'ai reçu une
lettre d'un vieux copain de classe. Un
vieux copain de classe qui s'appelle Dédé
et il est malheureux.

Plutôt que de lui écrire, je vais lui
répondre par l'intermédiaire de ce p'tit
morceau d'cire. Et, si par hasard d'autres
garçons du même âge se trouvaient être dans
la même situation, je voudrais que ma toute
petite expérience et mon humble poème les
sortent un moment de leur découragement.

Je me souviens, Dédé quand on était môme,
tu te battais toujours pour oui ou pour non.
C'est toi qui prenais la tête des monômes.
Mon père aimait bien t'voir à la maison.

T'avais du courage t'étais franc, limpide.
Tu mettais ton cœur dans tout ce que tu faisais.
Tu m'écris maintenant que tu penses au suicide.
Qu'est-ce qui s'passe Dédé? Qu'est-ce que tu t'es fait?

T'as butté du nez sur de grosses misères?
Sur toutes les saletés qui trainent dans la vie?
Et t'as pris des chemins où il n'y a plus d'lumières.

Des chemins de l'habitude où l'on crève d'ennuis.
Tu t'lèves, tu t'couches et puis tu t'relèves.
T'es comme une horloge qu'on remonte le matin.
Ah, si seulement t'avais trouvé un bout de rêve
pour t'y accrocher. Ne serait-ce que d'une main.

Sans rêves dans la vie, Dédé tu vas t'perdre.
Fiche-toi une passion quelque part dans l'corps.
Alors tu verras q'la vie est superbe.
T'auras d'un seul coup des matins en or.

Dis-toi, je suis pauvre et en bas de l'échelle.
J'peux pas être plus p'tit, ni plus dédaigné.
Mais j'ai deux bonnes mains et une foi toute nouvelle.
Donc je n'ai rien à perdre et tout à gagner.

Fixe-toi un but, et puis part, et marche. Marche,
marche encore, marche sans arrêt,
craque tes os, grelotte, crève de faim, mais marche.
Ton repos ce sera de revoir le chemin déjà fait.

Oh, il y aura des raisons qui te diront. Arrête,
pour un peu de repos. T'as droit au beau jour.
Continue de marcher, ne tourne pas la tête.
Les gens qui se reposent, se posent pour toujours.

Les beaux jours, bien sûr il faut les voir, sans doute.
Mais on les voit mieux quand on est bien debout.
Les gens qui se couchent sur les bords de la route
ne voient les beaux jours que par le dessous.

Saute les maladies, enjambe les fatigues,
ça n'existe pas. La mort, c'est pas vrai.
Fiche-toi des envieux, des lâches, des intrigues.
Marche-leur sur la tête, lave tes pieds après.

Mais laisse dans ton cœur une porte grande ouverte.
Il faut que la charité puisse toujours entrer.
Il faut que ton cœur soit une fleur refaite.
Si tu veux recevoir, il faut d'abord donner.

Ne fais jamais rien sans penser aux autres.
Ne reçois jamais sans rien partager.
Confonds dans ton cœur, le mien et le vôtre.
Mais fais de ce vôtre, un objet sacré.

Alors tu verras comment une belle flamme
montait dans ton cœur une grande et belle joie.
Des ces joies immenses qui vous inondent l'âme
et qui font pleurer sans qu'on sache pourquoi.

Il y a cinq ans, Dédé, un soir en Afrique,
un Père blanc m'a dit tout ce que je te dis là.
Le vent dans la dune faisait de la musique
et je l'entends encore en écrivant ça.

Le Père blanc, l'auteur de ce poême, est mort.
De lui, il me reste que le souvenir
des mots qu'il a prononcé.
J'te le redis Dédé
et j'te souhaite du fond de mon cœur,
une bonne année.

Récit de Robert Lamoureux dans son
Album intitulé Histoires de Roses.

Transcription par Weiner Marthone,
à la mémoire de tous les victimes
de la dictature et de la violence.

Publié le 11 septembre 2016

Affranchi sur parole

Michèle Montas

Au micro, Madame Michèle Montas. Elle dit, Affranchi sur parole, tel était le titre du livre que Jean Dominique voulait écrire sur ses expériences d'agronome, de journaliste et de militant de la démocratie, sur sa vision de ce pays qu'il aimait plus que lui-même.

Sur ses rêves de justice, de liberté, de participation responsable. Jean avait été assassiné avant de pouvoir écrire ce livre dont il caressait l'idée.

Mais, Affranchi sur Parole, il l'a été comme homme de radio pendant trente-ans de carrière. Une émission de Jean Dominique, par lui-même.

JLD - Ici je n'ai d'autres armes, que mon métier de journaliste, mon micro, et ma foi inébranlable de militant pour le changement, le vrai changement. C'est cette vérité là qu'il est bon de dire ce matin. La vérité d'un homme libre !

La vérité est certes révolutionnaire. Mais ici, la vérité doit faire un jour, rougir la face du diable, fin de citation.

Oui, nous avons devoir de vigilance. Notre neuve liberté est fragile. L'indépendance de la Presse est si frêle. C'est pourquoi, il est important de maintenir, face à nos yeux ouverts, notre devoir de vérité que nous tenons à faire passer sur nos antennes pour, à nouveau, faire circuler la parole et contribuer à élargir les espaces de liberté.

Seule une information vérifiée par les professionnels, dont la crédibilité s'acquiert chaque jour et se consolide, permettra d'éviter ces pièges si justement redouté par tous.

O, j'en ai tant entendu depuis mon retour, sur les journalistes. Bien que privé de tout moyen d'expression, j'ai souvent été moi-même, agressé par des gens qui me rendaient responsable des erreurs, des excès de langage de mes confrères.

"Ce sont des journalistes qui excitent les gens."

"Ce sont les journalistes qui attisent la colère."

Et, patati, et patata...

Une fois de plus, pour faire baisser la fièvre sociale, on croyait devoir casser le thermomètre. Là aussi, il nous faut faire attention.

Il est vrai, et nous devons le reconnaitre, qu'il y a eu çà et là des dérapages. La neuve liberté conquise le 7 février par les jeunes, par les pauvres, par les sans-travail, par les paysans de l'arrière-pays, par les plus pauvres de notre société. Cette neuve liberté a enivré plus d'un lettré, hors nos rangs ou dans nos rangs.

Il est vrai aussi, et cela ne peut faire que sourire, que certains, dans notre profession, qui le 6 février, pratiquaient un journalisme courtisan, se sont réveillés le 7, plus radicaux, plus extrémistes, plus libertaires que la liberté elle-même. D'où les dérapages et les dérives que l'on nous reproche, hélas, à tous.

Do jounalis endepandan laj. Mais, il est vrai aussi, et nos adversaires doivent le reconnaitre, que la grande vague populaire qui a fait le 7 février, est un immense et vivifiant courant, irriguant toutes les artères de notre société. Libérant les énergies, faisant bourgeonner l'imagination, stimulant la créativité.

Le baboukèt une fois tombé, comment s'étonner que tant de bouches s'ouvrent. Comment s'étonner que tant de gens veuillent s'exprimer ? Tout le monde veut être journaliste pour dire quelque chose, car tout le monde a quelque chose à dire.

Que cent fleurs fleurissent dans notre jardin ! On récoltera demain le bon grain, et aussi l'ivraie. Notre démocratie doit-être une longue patience.

Pourtant, il y a quelques points sur lesquels il faut rapidement, apporter une précision sur cette immense majorité d'appels et même de télégramme, et même d'appels de New York.

Il y a eu ici, je dis bien deux coups de téléphones. Le premier venait, qui sait, d'une fanatique du président qui nous accusait de shofe ti dife boule. Je crois que, il faut le dire tout de suite, que l'immense majorité des auditeurs a bien compris que notre mise au point tendait à une chose précise. Essayer de faire comprendre et de comprendre une réalité, sans prendre parti.

Et, cette absence de prise de position, pour les uns ou pour les autres, je l'ai tellement répété, nous sommes sur les gradins du stade.

Malgré les appels du pied de l'une ou l'autre des équipes, de l'un ou l'autre des chefs d'équipes. Nous sommes sur les gradins du stade, nous nous observons. Et, c'est le moment pour terminer, d'insister sur l'indépendance de la presse, d'une certaine presse démocratique.

Indépendance. Indépendance qui, depuis quinze-ans, a fait notre crédibilité. Et, quand un autre auditeur, celui-là favorable à je ne sais plus qui, nous reproche le ton respectueux avec lequel nous traitons des affaires de la présidence ?

Il nous dit, mais vous dites le président Manigat, avec respect. Le respect que nous manifestons pour les autorités de l'état, implique un respect réciproque des autorités de l'état envers, journalistes et citoyens.

Mais il faut commencer à manifester ce respect, pour que les autorités de l'état, en retour, du président au premier ministre, du président du Sénat au Député, du Général en Chef, au Chef de Section, puisse manifester le même respect pour les citoyens.

Et, comme hier matin, nous avons terminé notre chronique sur la vraie vie ailleurs, nous souhaitons que les Chefs de Section, manifestent le même respect envers les paysans, de Donti, de Jean-Raben d'ailleurs.

Ce sont les règles du jeu, imposé par le pouvoir, certes, mais accepté par l'immense majorité des citoyens qui attend de ce pouvoir, un respect.

À mes amis, mes nombreux amis. À mes nombreux auditeurs qui m'ont suivi ce matin. Qui ont senti passer en moi, cette colère sacrée qui m'anime, lorsque l'ennemi, aux aguets, me désigne parmi tant d'autres. Je dirai, rassurez-vous ! J'ai l'âme sereine. Pourquoi ?

Ils ont tant dit de choses sur moi. Ils ont tant trouvé leurs mensonges, car ils savent qu'ils ne peuvent rien contre moi, contre ma moralité, contre mon honnêteté, contre ma rectitude anti-duvaliériste, anti-macoute, anti-fasciste et anti-zenglendo, aux côtés de mon peuple, au sein du peuple, malgré cette couleur dont ils croient m'affubler.

Mais, tout le monde sait, que dans l'histoire d'Haiti, il y a les mulatres zenglendos, et puis, il y a ceux qui s'affranchissent pour la liberté, pour la justice et pour le progrès de notre peuple.

De ceux qui s'affranchissent, d'Anténor Firmin à André Rousseau, qui, sortant du ventre de la bête, ayant été lui, duvaliériste. Mais, avait compris, au soir de sa vie, quelle bête immonde avait engendré ce duvaliérisme, m'avait confié son désir de réparer, de tout faire pour qu'Haiti puisse en sortir.

Pour que jamais plus, il n'y ait de fermetures de radio, de mitraillades de radio, d'assassinats de journalistes, de bastonades de journalistes, de répressions contre la presse. Mais, aussi pour qu'il n'y ait jamais plus de cette plus vaste repression ! Jamais !

Soyons convaincus, chers confrères, que la liberté de la presse est un élément, un élément indissociable de la question plus globale, de la restauration de l'ordre constitutionnel.

La liberté de la presse, ça doit être pour nous, un outil en même temps que l'objectif à atteindre. Comme doit-être pour nous, cette Constitution, un outil et aussi un objectif à atteindre.

Voilà, je suis revenu, je dis ma joie. Je dis aussi un peu de peine, un peu de nostalgie. Mais, le bonheur est trop grand pour moi.

Mais, voilà aussi que les jeunes laissent éclater leurs colères. Colère contre celui qui révèle, certes. Colère aussi peut-être contre celui qui est révélé. Et c'est là où nous touchons le point sensible de notre tranquille révolution.

Le macoutisme était partout, certes. Et les macoutes, aujourd'hui, vont tenter de se servir de cette vérité comme un moyen de chantage pour perdurer. Mais ils ne se rendent pas compte d'une chose capitale. La révolte du 28 novembre 1985, aux Gonaives, est aussi un besoin profond des fils de dire aux ainés : Vous avez été complaisant envers tous ceux qui avaient précipité l'ensemble du pays dans la catastrophe. Nous, les jeunes, refusons cette complaisance.

Sigmund Freud aurait appelé cette démarche, tout psychanalytiquement, la révolte contre le père. Mais, n'allons pas jusque-là, et ne cherchons pas dans les méandres de la psychanalyse, sachons que le fascisme, dans tous les pays du monde, a de profondes racines, même populaire. Nul n'en doutait.

En France, un film, le Chagrin et la Pitié de Macel Ophuls a révélé l'ampleur de la complaisance. En Allemagne, c'est par toutes petites doses que l'anti-nazisme progresse. Tant le sujet est encore sensible, dans toutes les âmes.

Affaire Kurt Walheim en Autriche, en est une preuve supplémentaire. En Argentine, au Brésil, et à côté de nous, en République Dominicaine. Il y a le même processus de lente élimination de ce que l'on peut appeler le fascisme intérieur, le fascisme de l'âme, le fascisme moral. Et aussi, lente élimination de ce sentiment de honte créé par cette complaisance avec le mal.

Ici aussi, mais ici il y a quelque chose de différent chez nous. Le duvaliérisme, le macoutisme, ont fini malgré la complaisance, par ériger toute la nation, contre l'état macoute. C'est ça le phénomène important de ces trentes dernières années.

Toute la nation, tout le peuple a été érigé contre l'état macoute. Les jeunes de Gonaives, du Cap, de Jérémie, prenant la relève des paysans, combattant de Bokozèl, de Ouanaminthe ou de la Grand'Anse, ont compris ce divorce, et lentement aussi ont entammé la marche libératoire. La marche mobilisatoire de tout un peuple contre cette structure macoute qui avait envahi l'état et qui s'y crampone.

Mais cette mobilisation, pensons-y, a une autre fonction, celle de lutter contre soi-même. Contre le chagrin éprouvé par un fils, quand il apprend que son père était macoute. Contre le chagrin d'avoir à subir cet opprobre.

Que résulte-t-il de ces découvertes lancinentes ? Une autre vérité. La ligne de partage se situe bien au niveau, non au port de l'uniforme, mais des crimes commis, des vols perpétrés. La ligne de partage se situe au niveau de la responsabilité de chacun devant sa propre conscience.

Si nous nous souvenons du déchoukage. Il comportait, malgré l'opinion Internationale, qui n'y a vu que des actes de " barbarie ", mais, il comportait aussi une grande sélectivité. Cela veut dire, un grand discernement entre ceux qui, bien qu'en bleu, n'avaient tué personne, ni volé personne, ni abuser de personne, et ceux-là ont été épargnés.

Et, par moments, d'après nos témoignages reçus, ont été protégés. Parce qu'ils n'étaient ni criminels, ni voleurs.

Cette sagesse profonde de notre peuple, sera-t-elle comprise de ceux qui, aveugles, s'accrochent encore et veulent faire perdurer leur pouvoir.

Et puis, il y eut ceux qui se souviennent de ces quatorze premières années d'horreurs, se souviennent certes, des viols de coffre-forts. Car c'était ça l'extorsion, un vol de coffre-fort. Mais, se souviennent aussi de tous les autres viols.

Viols des filles et des femmes sous les yeux des pères, des maris et des enfants. Et puis ensuite, lors de la normalisation, viol des foyers. Lorsque l'ancien tortionnaire devenait mari ou gendre. Voilà ce qui va revenir avec le viol de la conscience nationale, avilie par tous ces crimes, toutes ces extorsions.

Compter sur nos propres forces aujourd'hui, c'est beau à dire, mais cela revoit à une pratique politique, économique, financière, budgétaire et sociale bien connue et qui est en mémoire de tant et tant de citoyens. Pauvres ou riches.

Alors, pour terminer cette chronique, un apologue d'un poête. Ce poête, cet homme de théâtre, était Allemand. Il a vu passer sous ses yeux les chemises brunes des Nazis. Il a vu déferler sur l'Allemagne et sur l'Europe des dizaines de milliers de ces hommes qui portaient comme un fleuron, la tête de mort sur leurs képis, et il a dit ceci :

Comment cela est-il arrivé ? Comment cela a-t-il été possible ? Pourquoi ?

Parce que des citoyens, des citoyens honnêtes, bien pensant, lorsque Hitler a commencé son agression contre l'humanité. Il s'en est d'abord pris, d'abord au communisme. Et puis les autres citoyens disent, on massacre les communistes, je ne suis pas communiste. Je ne riposte pas, je ne proteste pas. Il s'en est ensuite pris aux juifs. Les autres ont dit, ils massacrent les juifs, moi je ne suis pas juif, je ne proteste pas. Ensuite il s'en est pris aux dziganes.

Ah moi, je ne suis pas dzigane, je ne proteste pas. Et puis, il s'en est pris aux Catholiques. Moi, je suis protestant, je ne proteste pas. Et puis, il s'en est pris aux protestants. Moi, non, je suis libre penseur. Je suis pour le spiritualisme germanique, je ne proteste pas. Et, puis, les ouvriers, syndicalistes.

Moi, je ne suis pas syndicaliste, je ne proteste pas. Et ça a continué.

Et lorsqu'on est venu me prendre, il ne restait plus personne pour protester. On contera ainsi sur les pauvres forces de chacun pour protester ou riposter au déferlement macoute.

Ainsi donc, encore une fois, après un silence moins long, certes, mais beaucoup plus douloureux, Radio Haiti est de nouveau dans l'air.

Voilà !

Avant de vous dire ma joie d'être à nouveau avec vous, notre joie. Avec vous pour vous informer, vous distraire. Permettez un hommage soit rendu à celui qui, en définitive, a créé les conditions générales de cette réouverture, de la liberté d'espace de l'information en Haiti.

Liberté d'espace dans lequel vient reprendre sa place notre station. Comme je l'ai fait le 4 mars 1986, le jour de mon retour d'exil, et avant toute autre chose. Hommage à notre peuple ! A sa courageuse résistance, à cette obstination passionnée qui ont fait l'admiration du monde entier.

Et, qui ont forcé, quoi qu'on en dise, les uns et les autres, ici et ailleurs, à accepter le retour à l'ordre constitutionnel. Hommage à 6 millions d'Haitiens, qui ont battus un record de résistance à l'oppression et à la répression.

Oshan pou pèp Ayisyen !

Une pensée spéciale aussi ce matin, aux plus de 5 000 martyrs de la cause Haitienne, de justice, de participation et de liberté générale.

Plus de 5 000 victimes, parmi lesquelles, notre frère Antoine Izméry, notre frère Guy Malary, notre frère Jean-Marie Vincent, notre frère Claudy Museau, et aussi nos confrères, Félix Lami et tant d'autres. Ceux qui sont morts et ceux qui ont été sauvagement torturés pour la liberté de l'information et le droit à la parole.

Cette réouverture est, c'est normal, assombrie par le souvenir lancinant par ceux qui sont morts pour nous. Ne les oublions jamais ! Comme nous ne devons jamais oublier les plus de 50 000 victimes de la dictature depuis 1957.

Ouais, nou nan 50 000 et plus !

Mais, il faut recommencer le travail dans le sourire. Et, pour Radio Haiti, cela veut dire, penser aux vivants. Penser à la vie. Qu'il faut lutter pour rendre moins sordide, moins mesquine, moins aliénante, moins puante, plus juste, plus libre, pour tous les Haitiens.

Je me suis personnellement souvent réclamé d'une presse indépendante à engagement démocratique, pourquoi ? Eh bien, parce qu'il existe toutes sortes d'opposants. Il y a des opposants qui ne sont opposants que parce que, hélas, ils veulent être à la place des autres. Ote-toi que je m'y mette, pour que je puisse remplir mes poches, ça aussi, c'est de l'opposition. Mais, ce n'est pas de l'opposition démocratique.

J'estime qu'il fallait faire dès le départ, un distingo, où ici il n'est pas question de changer d'individus, de changer le personnel en place. Il est question d'essayer lentement, progressivement, pacifiquement, légalement, de faire passer des vérités utiles à tous. Une justice utile à tous. Une liberté utile à tous.

Comme le dit notre Dessalinienne en créole, et chaque fois que je l'écoute à huit heures du matin sur nos ondes, je frémis, la phrase est juste.

Pou libète ka libète, Fòk Lajistis blayi sou peyiya.

Il y a beaucoup de gens en ce moment qui fredonnent cette chanson. C'est une chanson démocratique. C'est ça pour nous, les choses indépendantes et l'espace de paroles libres.

Alors, je me dis que si toute parole libre disparait de notre espace, que serez vous, confrères de la presse officielle ? Les choses seront rentrées dans l'ordre.

Il y aura bientôt, aujourd'hui peut-être, un arrêt prononcé contre Radio Haiti. Le bâillon va être posé sur notre bouche. Et, nous savons bien qu'à partir de notre station, ce sera enfin la grande ruée contre la parole libre, partout en mère patrie.

Alors, nous attendons. Mais en attendant, un petit coup d'oeil retrospectif, et sans vouloir remonter très haut, sans dresser, in extremis, c'est le cas de le dire, un bilan de notre action, voyons donc, à propos, ce qui s'est passé cette année, malgré toutes les contreintes qui ont pesé sur nous depuis janvier, depuis novembre, et demandons-nous comment la presse officielle pourra, dorénavant, occuper tout le terrain quelle souhaite et forcément remplir la fonction que nous remplissions ?

Comment avions-nous fait notre travail ? Nous les indépendants. Euh, les boat people, par exemple, vous devrez vous en occuper, messieurs ! Eh bien, si j'en crois, l'espace réservé dans vos colonnes ou dans les minutes de la radio nationale et de la télévision nationale, les boat people, cela aussi c'est terminé !

On n'en parlera plus en Haiti. On ignorera dorénavant que les paysans haitiens, les sans-travail et les sans terres, fuient cette terre par milliers, comme on disait, qu'il y a quelques années des Allemands de l'Est, ils votent avec leurs pieds ou avec leurs canters.

On se demande si le concept de réconciliation n'est pas, en définitive à sens unique ? Mais, dans les couches pauvres de la population à travers le pays. Dans la ville comme à la campagne, on le répète depuis des mois. Réconciliation égale justice ! Sans justice, disent les malheureux, il n'y aura pas de réconciliation. Ils disent à Raboteau ou à Bassin Cayiman, à Jérémie ou au Plateau Central, nous ne pouvons pas continuer à voir les massacreurs d'hier, circuler parmi nous avec arrogance et menace.

Et, le premier ministre, faisant écho à cette profonde pulsion populaire, affirme et nous citons, « Pa mandem rekonsilye ak nèg ki ta pwal touyem nan. » « Men se pou nou tou lè deux, nou rekonsilye avèk la lwa ». Tel est aussi le coeur du problème. La réconciliation de tous avec la loi.

Si dans les élites de notre pays, la question de la réconciliation n'est pas encore un comportement accepté, à sentir les grincements de dents, à sentir la hargne, à sentir les regards furibonds contre tel ou tel. On se dit vraiment, cette réconciliation là n'est pas encore du domaine de la mentalité collective dans nos élites.

Permettez que je raconte une histoire personnelle. En novembre-décembre 1991, j'étais dans le maquis. Oui, ça c'est une autre histoire que je raconterai un jour, et j'ai appris qu'un entrepreneur, un industriel courageusement, avait pris une position publique, à rebrousse-poil, de la position générale de ce secteur qui semblait soutenir le putsch.

J'ai pris contact avec cet entrepreneur, je lui ai parlé pendant trois heures, et je me suis étonné, je lui dis, écoutez, je ne comprends pas qu'un homme comme vous, vieille famille haitienne, entrepreneur, industriel, homme d'affaires, vous puissiez prendre cette position à rebrousse-poil, à contre-pieds de vos pairs ? Et, il m'a dit, écoutez monsieur Dominique, il y a une chose qu'il vous faut comprendre.

La première c'est que dans mon entreprise, qui est comme beaucoup d'entreprises de ce genre, qui est une entreprise de sous-traitance où la valeur ajoutée c'est ce que les américains appellaient l'avantage comparatif haitienne, c'est-à-dire les bas-salaires.

Dans mon entreprise, il y a vingt ans lorsque j'ai investi et que les salaires pratiqués à l'époque étaient, je ne me souviens pas 2 dollars 50 par jour. L'ouvrier de mon usine supportait alors cinq personnes dans sa famille.

Vingt ans après, les salaires sont deux fois supérieurs presque, je pratique, moi 5 dollars minimum dans mon usine. Mais, malgré cette augmentation de salaire, dans mon usine, et dans quelques autres, je me rends compte que la productivité des ouvriers a diminué pour une raison très simple. C'est que chaque ouvrier ou ouvrière, au lieu de n'avoir que 5 personnes à sa charge, comme il y a vingt ans, en a plus de 15 à cause des relations de famille dans l'arrière-pays. Lorsque les paysans et paysannes abandonnent leurs terres pour venir grossir la masse des chômeurs, il y a des relations de familles très stricte, très généreuse et très ouverte qui font que celui qui travaille doit pouvoir supporter ceux qui ne travaillent pas.

Ce qui signifie que chacun de mes ouvrier ou ouvrières a sur le dos maintenant, malgré une augmentation de salaire, plus de 15 personnes à nourrir et à prendre en charge. Vous me direz, qui est ce courageux, pour ne pas offenser la pudeur, je ne citerai pas son nom.

Mais, il sait que je n'ai jamais oublié cette déclaration qui pour moi illustre un pacte nouveau de réconciliation. Celui d'un secteur privé, dynamique, moderne, ouvert sur l'avenir, avec un arrière-pays qui cessera d'être un pays en dehors.

Il fut un temps où les hommes de pouvoir, arboraient sur les lèvres, alternativement, rictus ou ricanement.

Rictus, face à leurs subalternes ou leurs victimes, rictus qui soulignait l'exercice parfois cruel de leur puissance. Mais, les mêmes hommes de pouvoir, très souvent, muaient ce rictus en ricanement obséquieux devant ceux plus puissant qu'eux, et devant cette étrange pyramide, nait notre monde de satrapie. Il y a toujours un satrape, plus puissant qu'un autre satrape, au-dessus de lui.

On se souvient d'un bourreau sous l'un des duvalier, particulièrement sanguinaire et méprisant, qui a dû un jour, se mettre humblement et platement à genoux devant une dame et lui lécher ses bottes ou disons ses escarpes.

Nombreux sont ceux qui, encore aujourd'hui, fonctionnent avec rictus et ricanement.

Du minable zenglendo dans la rue, qui tire son pouvoir de l'arme qu'il braque sur sa victime, au haut fonctionaire de l'état, détenant derrière son bureau une parcelle de puissance, bureaucratie oblige, ou à l'industriel dont l'épais compte en banque, justifie selon lui, toutes les brimades envers les locteux. Cynisme et bassesse, alterne autour de nous.

Mais, la roue, tourne souvent, hélas !

Et l'on a vu des puissants et des riches, se muer au gré des circonstances, en punaises que de nouveaux maitres du monde, de notre monde, écrasent sans pitié.

Le temps que nous vivons aujourd'hui, n'est pas différent, parce que, la roue aurait tourné pour les riches et les puissants d'hier, entre nous, la roue n'a pas beaucoup tourné pour eux. Réconciliation oblige.

Et certains, arrogant hier, le sont encore davantage aujourd'hui. Mais ceci est une autre histoire. Celle de la page de notre passé qui n'a pas encore tourné. Mais, pour nous, ce qui a changé est ailleurs.

Il existe de plus en plus de lèvres sur lesquelles n'existent plus rictus, ni ricanement, car il est autour de nous, de plus en plus d'êtres humains, qui fonctionnent de moins en moins d'après les critères de puissance, de brimades, impitoyables du plus faible, impitoyable du démunis. Mais, critères aussi de protection du plus fort par flatterie.

Il existe des êtres humains autour de nous, qui tentent de relacher, les liens cyniques et implacables de pouvoir et d'établir des relations différentes avec leurs semblables. Ils sont encore peu nombreux. Ceci est dû à la nature fragile des temps que nous vivons. Ceci est dû au fait que cynisme et extorsion ont encore le haut du pavé. Mais, le fait nouveau, c'est qu'hier on se cachait, on n'osait pas être différent, on n'osait pas être ouvertement différent des autres. La liberté et l'honnêteté étaient en marronage.

Aujourd'hui, malgré le petit nombre, des êtres humains refusent rictus et ricanement des aliénés du pouvoir. Aujourd'hui, des êtres humains apprennent ce qui est le plus bel apanage des hommes libres, le sourire.

Plannifier implique prévoir, fixer les objectifs généraux, certes. Cela est fait. Mais, balyser les chemins pour y parvenir, d'une part. Mais surtout, d'autre part, prévoir les coups de l'adversaire, pour les parer, pour les prévenir. Il est temps que nous cessions d'être sur la défensive, et qu'il y ait cette prévision tactique de ce qui va venir, de ce qui se prépare. De sorte que nous puissions avancer sans être constamment bloqué par surprise.

Plannifier c'est enfin lancer en direction de la base, le message clair, la transparence stratégique doit être crédible et rendre crédible le chemin à parcourir de façon à effacer, tout l'aise sur certaine complicité avec l'ennemi.

Plannifier, c'est enfin savoir imaginer. Il faut qu'en fin en Haiti, l'imagination prenne le pouvoir.

Je ne suis pas décidé à me laisser abattre, sans avoir au paravant, désigné du doigt, mes assassins et leurs complices.

Jean Leopold Dominique, une emission post-mortem animée par sa femme et directrice de Radio-Haiti Inter.

WM – Homme de parole, Jeando a pointé du doigt ses assassins et leurs complices. Nous demeurons optimistes qu'un jour viendra où tous les Haitiens, victimes et complices, puissent s'asseoir sur une même table pour discuter et partager avec le grand public ce qui s'était passé entre Haitiens. Sans cette table ronde, accompagné d'un mea culpa des aggresseurs, notre société aura du mal à maintenir son existence. Au fait, nous n'avons pas de temps à perdre. Pour parodier Jeando, mortalité de l'homme oblige.

Prérogatives

Chers amis, nous venons de faire la constatation qu'en tête de liste des préoccupations majeures des représentants du peuple, a été la médisance.

Tordre de rire, c'est minimiser notre réaction. Entretemps, dans la capitale et quelques villes importantes du pays, on crève de faim, le chômage est devenu monnaie courante. Nos routes sont en mauvais état. Les fatras débordent nos trottoirs et s'accumulent dans la rue, empêchant aux véhicules de circuler dans certains cas.

La médisance est-elle une priorité, alors que nous nageons au milieu des rues poussiéreuses ?

La médisance est-elle aussi importante, lorsque nos égouts deviennent dépotoirs, et nos rues, l'urinoir pour tous ?

Certains prêchent un pragmatisme fatal et disent qu'il faut s'accommoder, se conformer ou s'habituer à cette vie de zéro barré partout.

En vérité, nous ne voyons pas l'héroïsme pour avoir vécu autant de traverses, et faire comme si de rien n'était. Au contraire, c'est une lâcheté de ne rien dire, d'accepter cet état de choses.

Les grandes prérogatives du temps, ce ne sont pas quelques Villas sporadiques, une vision d'un bout de quartier. Mais une vue panoramique sur l'état de choses.

Certains hommes veulent dominer, saouler, faire danser les autres. Ils se réjouissent sur le marasme universel.

Voter une loi fatale pour la liberté d'expression, sans aucune consultation des personnes affectées tombe bien dans nos prédispositions de vouloir tout prendre sans rien donner en retour. Lorsque la population est réduite au silence. Nous dirons, ainsi commencent les germes du despotisme, et de toute dictature.

Les acquis d'après 1986 sont en dangers, lorsque les premières prérogatives de nos hommes de lois sont de vouloir fermer la bouche à tous, pour qu'ils puissent régner sans inquiétude d'être dénoncés pour leurs forfaits.

Ces prérogatives sont le couvert d'un système arbitraire dont nous sommes toujours prédisposés à son application dans nos vies. C'est ce qui se prépare à l'horizon. Or, l'arbitraire, sous toutes ses formes, ne doit exister dans une Haïti vraiment démocratique et libre.

L'heure actuelle demande une réflexion particulière sur ces nouvelles prérogatives. Parce qu'elles démontrent que nos hommes de lois souffrent d'une déconnexion profonde avec la réalité et les vrais besoins du moment.

Criminalité haïtienne

Ils ne mourraient pas tous, mais tous étaient frappés, disait LaFontaine dans « Les animaux malades de la Peste. »

Parmi eux, les 171 policiers assassinés à travers le pays.

La Date : 5 décembre 2013
Hector Félissaint, policier, attaqué par des individus circulant à motocyclette jeudi dernier, à la rue de l'Enterrement, mourut aujourd'hui à cause de ses blessures.

La Date : 28 novembre 2013
Jean Kelly Gabriel a été tué par balles en ce jour par des individus à l'Avenue Marie-Jeanne.

La Date : 27 novembre 2013
L'ingénieur Hervé B. Déjean, a été assassiné ce mercredi, chez lui à Pétion-Ville. Au cours de l'affrontement, la femme de la victime, qui vit à l'étranger, aurait reçu une balle à la main.

La Date : Le 22 novembre 2013
Le pasteur Servélus Simon, président de la mission de l'Union Evangélique Baptiste d'Haïti (MUEBH) a été enlevé par des bandits le vendredi 22 Novembre dernier. Agé de 59 ans, les kidnappeurs l'ont exécuté dans un champ non loin de sa résidence privée.

D'après ce qu'on rapporte dans les journaux, c'était un cas de libération contre rançon ou les kidnappeurs réclamaient la somme de $100 000 US.

L'épouse du défunt a été touchée par balles et a été transporté dans un centre hospitalier.

La Date : Le 16 novembre 2013

Le professeur Roland Lucien a été assassiné à Nazon, dans la région proche du collège Catts Pressoir.

La Date : 15 novembre 2013

Inorel Delbrun, caméraman du président de l'Assemblée Nationale, Dieuseul Simon Desras, a été froidement abattu ce vendredi dans l'après-midi au Port-au-Prince. On a transporté son corps au Centre de Médecins Sans Frontières à Martissant d'ou il passa de la vie à la mort.

La Date : 21 octobre 2013

Les menaces ou tentatives d'assassinat continuent. On nous parle d'un plan d'exécution sommaire du journaliste Monard Métellus. On ne donne aucune preuve. La justice haïtienne n'a pas prononcé sur l'affaire, mais c'est ce que rapporte l'un des journaux de la capitale haïtienne.

Est-ce par paranoïa ou est-ce la nature des choses en Haïti ?

La Date : 5 octobre 2013

Trois jeunes sont assassinés dans la région de Carrefour feuilles. On a trouvé les corps de James Duvalsaint, âgé de 26 ans, de Jean-Henri Steven Joseph, lui-même âgé de 21 ans et finalement celui de Stanley Doclos, également agé de 20 ans.

La Date : 4 septembre 2013

Dénonciation d'un plan d'assassinat, allègement, sur John Joël Joseph, deuxième sénateur de la partie de l'Ouest. On accuse le président et sa femme comme ayant formulé ce plan d'assassinat. Mais l'homme averti doit se demander pour quelle raison ? Et Pourquoi ?

Encore une fois, ce sont des on-dit, s'agit-il ici d'un cas de gens paranoïaque qui font courir ces bruits ?

La Date : 27 juillet 2013

Marc Elder Ramponneau, censeur au lycée Toussaint Louverture a été assassiné dans la nuit du 26 août 2013 par trois individus circulant à moto dans les hauteurs de Fontamara, au Sud de la Capitale.

La Date : 23 juillet 2013

Renaud Jean-Baptiste accuse le député de Plaisance du Nord sénateur Moise Jean-Charles d'un plan d'assassinat du président Michel Martelly. D'après les assertions, mardi 23 juillet 2013, du ministre de la Justice, Jean Renel Sanon.

Où sommes-nous aujourd'hui ? Est-ce normal, cet état de choses? En Haïti, tout le monde accuse tout le monde.

La Date : 23 juillet 2013

Madame Mytho Pompée, résidant à Paris, a été assassinée le mercredi 18 juillet 2013, par des individus circulant à moto près de la zone où se situait les Archives Nationales. Dans cette note de presse, on rapporte que son chauffeur a été atteint grièvement ou mortellement.

La Date : 12 juillet 2013

Bazelaire Bornélus, commissaire des Gonaives présenta, au cours d'une conférence de presse, Alix Souffrant, aka « bout zorey. » « Bout Zorey » est un évadé de prison, condamné à 10 ans de réclusion.

La Date : 10 juin 2013

On rapporte dans les journaux l'aveu de quelques individus « d'avoir été embauchés » spécifiquement pour perpétrer l'exécution des députés Jacinthe et Louis-Jeune, André Michel et Newton Saint-Juste.

Où en est-on ? Jusqu'à présent, la justice haïtienne n'a donné aucun suivi dans cette affaire ?

La Date : 25 mai 2013

On rapporte dans les journaux de la capitale que «6 présumés assassins » de René Espérance, un policier, à Jérémie. C'est ce que confirme le chef du Parquet de cet Arrondissement.

La Date : 22 mai 2013

Le policier John Canga a été le 9e policier assassiné cette année à Rue Macajoux, située non loin de la cathédrale de Port-au-Prince. Dans les échanges de tirs, John Canga aurait tué 2 de ses assassins.

La Date : 17 mai 2013

Le policier Jean Réné Espérance a été victime d'un assassinat alors qu'il se trouva au Wharf de Jérémie. Les bandits auraient volé son arme avant de prendre la fuite.

On rapporte, en outre, que la mère du défunt fut aussi atteinte de 2 balles. On ne sait si elle a succombé de ses blessures. Le même jour, « des bandits armés ont abattu, à la rue Dalencourt, deux personnes qui revenaient de la banque. René Dalencourt et Charles Clausel ont reçu plusieurs balles, selon le Porte-parole adjoint de la police nationale. »

Les victimes auraient été des employés de Eagle Market.

La Date : 16 mai 2013
C'est le tour d'un employé du Palais national, M. Hugens Jean-Louis qui a été assassiné dans sa résidence privée dans la nuit du 15 au 16 Mai 2013.

Aucun suspect n'a été appréhendé dans cette affaire. Jusqu'à présent, aucun rapport ou suivi n'a été donné sur ce dossier.

La Date : 6 mai 2013
On rapporte que l'avocat Frantz Edouard a été assassiné chez lui près de Sans-Fil, Delmas 18 par des individus. Aucun suivi n'a été donné, jusqu'à ce jour sur ce dossier.

Cette tendance est cousue dans les habitudes de nos dirigeants.

Silence.

La Date : 2 mai 2013
On rapporte dans les journaux de la capitale que « Jean Richard Ernst Cayo, un autre policier proche de Walky Calixte a été abattu par des hommes armés en début d'après-midi du jeudi 2 mai 2013, à Carrefour Feuilles, dans la zone de Savanne

Pistache, au sud-est du Centre de Port-au-Prince, a informé Me André Michel.»

La Date : 2 mai 2013

Le propriétaire de Chez Yvette, Guy Maximilien, a été assassiné le 30 Avril, après avoir effectué une transaction bancaire.

On ne sait où est l'enquête sur cet acte crapuleux. Les téléphones portables ont été bannis dans toutes les banques.

La Date : 25 avril 2013

Jorial Richard, citoyen Canadien de 62 ans a été assassiné « en plein jour », à Delmas.

La Date : 25 mars 2013

Le journaliste Georges Honorat a été assassiné dans la nuit du samedi 23 au dimanche 24 mars, chez lui, à Delmas 31. Cette vague de violence continue d'inquiéter tout le monde. Quel que soit l'appartenance économique et sociale, on est la proie de ces criminels.

La Date : 25 février 2013

On rapporte dans les journaux de Port-au-Prince, que « le député de Grand-Goave, Frank Laporte, a dénoncé ce lundi 25 février une tentative d'assassinat dont il a été l'objet, samedi dernier dans sa circonscription.

Il affirme, par ailleurs, que le meurtre du manifestant a tout simplement servi de prétexte à la situation de tension qui prévaut dans la ville. »

La Date : 22 février 2013

Représailles, peut-être ? Le chef de gang du Village de Dieu, Angélo, a été assassiné dans la région du Bi-Centenaire.

La Date : 4 février 2013

On rapporte dans les journaux que « Jonathan Jean-Jacques, inspecteur de police affecté à la Garde Côtière haïtienne abattu ce lundi en milieu de journée par des truands armés circulant à moto.»

La Date : 17 janvier 2013

Les corps de quatre personnes ont été retrouvés le mardi 15 Janvier, à Léogane dans la zone Saint-Etienne, près de Source corossol.

« Apparemment elles ont été exécutées, selon les habitants de la zone qui ont déclaré avoir entendu beaucoup de tirs.

Deux ont été tués par balles et les deux autres par une arme tranchante, d'après le juge suppléant Pierre Séraphin qui a fait le constat. Aucune arrestation n'a été effectuée. »

La vague de crimes continue, d'après ce qu'il parait, l'impunité aussi.

La Date : 17 janvier 2013

On rapporte dans les journaux que « les actes de banditisme continuent toujours à Darbonne, 3e circonscription de Léogâne, avec l'assassinat du Dr. Eric Siméon, dans la nuit du mardi 15 janvier. »

Le Dr Eric Siméon, masseur de la sélection nationale de football a été en compagnie de deux amis.

Aucune suite n'a été donnée dans cette affaire. On suggère que ce fut un « cas de règlement de comptes. »

La Date : 15 janvier 2013

On rapporte dans les journaux de Port-au-Prince, qu'un « groupe de 7 mercenaires dominicains auraient été réquisitionnés par le gouvernement haïtien en vue d'assassiner certains parlementaires, opposants farouches du pouvoir en place. Révélation faite par Jean-Baptiste Bien-Aimé. »

Alors, quelqu'un réclame ?
Silence.
Des accusations sans fin.

La Date : 29 décembre 2012

Qualifié comme l'un des actes les plus odieux de l'année 2012. L'assassinat de Michelet Nerva, un garçonnet de 8 ans. Lorsqu'on a récupéré son corps, on le trouva ligoté, les yeux crevés et les bras cassés. La police des Cayes a présenté le filleul de son père, Bertin Lapotry, comme étant l'auteur du crime.

Les kidnappeurs ont demandé, par téléphone, une rançon de cent cinquante mille dollars américains en échange pour la vie sauve du garçonnet.

La Date : 20 décembre 2012

On rapporte dans les journaux de Port-au-Prince, qu'un « ressortissant équatorien, Wilinton Adriàn Vilaro, propriétaire d'un hôtel, est mort assassiné par des bandits, dans la nuit du 18 au 19 décembre, dans la localité de "ça ira", à Léogane, au Sud de Port-au-Prince.

Les bandits ont emporté 18 000 dollars américains, selon le responsable de la police qui a indiqué avoir effectué plus d'une dizaine d'interpellation de suspects, dont le beau-frère de la victime, Michel Joseph Saint-Hilaire. »

La Date : 10 décembre 2012

Jules Edouard Moscoso, agé de 57 ans, « a été tué par balle le dimanche 9 décembre par des bandits à Léogane. »

Les habitants de la zone ont signifié que des tirs nourris auront été entendus. On ne connait pas si la police a donné suite à ce dossier. Mais, on connait l'affaire Brandt ?

Le nom Moscosso nous est aussi familier. On se demande si ce fut la même famille des deux personnes kidnappées par ordre de Clifford Brandt ?

La Date : 10 décembre 2012

Un nommé Robert Céliné a été accusé de tentative d'assassinat par M. Guy Primé, de la commune Casec de Trouin, Léogâne. Il dénonce Robert Céliné, « d'avoir blessé par balle deux personnes à Léogâne. »

La Date : 27 novembre 2012

Le sénateur François A. Joseph accuse le président Martelly d'être « impliqué dans l'assassinat du journaliste Jacques Roche » Le sénateur déclare, en outre, être en possession des preuves de son accusation. Jusqu'à présent, on ne donne aucune suite à une accusation d'une telle gravité.

On ne connait pas le vrai mobile de cette accusation. Peut-on donner foi dans ces accusations sans fin ?

La Date : 26 novembre 2012

Nous ne croyons pas ce que nous venons de lire ? Voilà ce qu'a dit le Directeur de la PNH, Godson Orélus :

« Les cas d'assassinats recensés ces jours-ci ne justifient aucunement une recrudescence de l'insécurité dans la Capitale »

Hein ? Quoi ?

Si les cas d'assassinats enregistrés ne signifient pas qu'il y ait une augmentation de l'insécurité, quels autres indices ou critères serviront à mesurer cette recrudescence, monsieur Godson Orélus ?

La Date : 26 novembre 2012

On rapporte dans les journaux de Port-au-Prince que « l'homme d'affaires Huguens Daier, a été assassiné à Tabarre, à proximité du Parc historique de la Canne-à-Sucre. Il était responsable d'une pompe à essence située à clercine. »

La Date : 25 novembre 2012

Le policier Dol Raymond a été assassiné à Delmas. Cet acte crapuleux s'est produit Samedi, à Delmas 21.

La Date : 11 novembre 2012

Gamael d'Haïti, étudiant, est tué dans le bâtiment hébergeant la Faculté de Droit et des Sciences économiques situé à Port-au-Prince. Ce crime s'est produit dans la nuit du Samedi 10 Novembre 2013.

La Date : 9 novembre 2012

On rapporte dans les journaux que « Jean-Michel Bellefleur, inspecteur de police, a été assassiné au volant de sa voiture » le vendredi 9 Novembre dans les environs du carrefour Gérald Bataille.

La Date : 4 octobre 2012

Voici ce qu'on rapporte dans les journaux de Port-au-Prince :

« Moise Joseph, un pasteur, a été assassiné à Fontamara 27, quartier Sud de Port-au-Prince, devant ses enfants, le mercredi 3 Octobre, par un homme armé non identifié. »

La Date : 4 octobre 2012

Le journaliste responsable de Contact FM, Benson Rock, aussi ancien correspondant de radio Vision 2000 est assassiné par des bandits à Port de Paix, région Nord-Ouest d'Haïti.

La Date : 3 septembre 2012

Serge L Bernard, professeur à l'Université de Port-au-Prince, fut la victime d'un assassinat le Vendredi 31 Août. Les deux truands ont été appréhendés par la police. C'est ce que rapporte un responsable de l'unité de la Direction centrale de la Police Judiciaire (DCPJ).

La Date : 1 juin 2012

On rapporte dans les journaux de la capitale que « les autorités policières du Nord ont mis la main aux collets des bandits qui ont assassiné la ressortissante suisse Marie Rose Wessler, responsable deux organisations non-gouvernementales et l'orphelinat Saint-Michel situé au Cap-Haïtien. Jackson Mézile, Colas Steevenson alias Lovely, Jean Thony Pierre Louis et Wilfrid Mézile, petit frère de Jackson Mézile ont été présentés à la presse ce jeudi 31 mai par les responsables régionales de la police. »

La Date : 21 mars 2012

Le peintre Burton Chenet, agé de 54 ans, a été assassiné ce mardi, chez lui à Turgeau. Sa femme fut blessée par les bandits. On aucune nouvelle sur les résultats de l'enquête. Nous sommes habitués, car il n'y a personne qui réclame ce qu'il est advenu dans cette affaire, pas de compte rendu sur ce dossier.

La Date : 9 mars 2012

On rapporte dans les journaux que « le nommé, Jean Baptiste Jean Philipe, dit Samba Boukman, a été assassiné le vendredi 9 mars 2012 vers deux heures de l'après-midi à Jacquet Toto, petite localité située au nord de Pétion-Ville.

Selon certains riverains ce crime aurait été commis par deux individus non cagoulés qui circulaient à bord d'une motocyclette. »

La Date : 7 mars 2012

Vénel Joseph, agé de 80 ans et ancien gouverneur de la Banque Nationale d'Haïti, est assassiné mardi soir par des bandits armés et non identifiés. Gérald Joseph, frère de Vénel Joseph, qui se trouvait dans la voiture a été blessé et transporté dans un centre hospitalier.

M. Vénel Joseph est le père de Patrick Joseph, impliqué dans l'affaire de corruption de la firme téléphonique haitienne, Téléco.

La Date : 1 Mars 2012

Me Jeanty Durand, avocat, est assassiné devant sa résidence, au Morne Calvaire, à Pétion-ville. On rapporte ensuite « qu'au cours de la journée d'hier (mercredi), au moins trois personnes ont été assassinées au centre-ville de Port-au-Prince, parmi elles, un motard. »

La Date : 6 février 2012

D'après le commissaire du gouvernement, Jean Renel Senatus, six (6) personnes ont été assassinées au cours du week-end. Il affirme, en outre, que plusieurs personnes ont été tuées par leurs agents de sécurité.

La Date : 10 novembre 2011

Joel Coffy, un inspecteur de la Direction Centrale de la Police Administrative (CDPA) a été assassiné chez lui à Santo 19 le mercredi 9 Novembre 2011. Les assassinats à mains armées continuent de semer la terreur en Haïti.

52

La Date : 7 novembre 2011

Luckner Sylvain, policier de profession, assigné à l'Unité de sécurité présidentielle (USP) a été « assassiné par des bandits armés près de son domicile à l'avenue Poupelard, dans l'après-midi du lundi 31 octobre 2011. »

La Date : 10 octobre 2011

On rapport dans les journaux qu'« une ressortissante dominicaine assassinée à Port-au-Prince a été enlevée le 29 septembre. Son corps a été retrouvé le vendredi 7 octobre à Pétion-Ville malgré le versement d'une rançon de vingt mille dollars américains par les proches de madame Guzman. Madame Guzman était propriétaire d'un studio de beauté.

Elle était aussi secrétaire général de l'Association des dominicains vivants en Haïti. Installée en Haïti depuis plus de 20 ans. La police a annoncé l'ouverture d'une enquête. »

La Date : 28 août 2011

Emile Giordani, âgé de 62 ans, notaire de profession a été enlevé et assassiné ensuite par des bandits armés qui ont fait irruption dans son cabinet situé à Lalue. Le corps sans vie du Notaire Emile Giordani a été retrouvé samedi dans un ravin au Canapé vert.

Les ravisseurs l'ont transporté à bord d'une voiture de couleur verte. Le parquet de Port-au-Prince annonce l'ouverture d'une enquête.

La Date : 27 juillet 2011

On rapporte dans les journaux que « Frantz Laguerre, policier de la 17e promotion, a été assassiné aujourd'hui par la population de Pignon, a confirmé le commissaire Frantz Lerebours, porte-parole de la Police nationale d'Haïti.

D'après le porte-parole, deux policiers de la ville de Hinche et le magistrat Raphael René avaient accompagné deux présumés voleurs de panneaux solaires afin de faire la lumière sur un vol. Arrivés sur les lieux, ils ont été accueillis par des tirs d'arme à feu.

Le policier Frantz Laguerre, atteint d'une balle n'a pas eu le temps de monter dans la voiture. Il a été achevé à l'arme blanche. »

La Date : 29 juin 2011

Yves Dorvil, ingénieur, employé du bureau des Cadastres a été tué ce soir par des bandits sur la route de Delmas. Des bandits armés à bord d'un véhicule l'auraient attaqué et tiré à bout portant.

Des riverains présents au moment du crime n'ont pas eu le temps de lui venir en aide. Vraiment ? Empêcher l'assassinat de quelqu'un en Haïti ? Sacrifier sa vie pour soustraire un voisin des mains d'un kidnappeur ou d'un tueur à gages ?

Ce sont là des actes héroïques que nous voulions bien rapporter. Existe-t-il des personnes qui possèdent ce trait de caractère parmi les membres de la population ?

La Date : 13 juin 2011

M. Guyto Toussaint, président du Conseil d'administration de la Banque Nationale Crédit (BNC), a été assassiné par des malfrats, dimanche soir, dans sa résidence privée à Vivy Mitchell.

Guyto Toussaint a succombé quelques heures plus tard à ses blessures à l'hôpital de la communauté haïtienne de Frères. Bientôt après la nouvelle, je me suis rendu en Haïti. Pas un mot, parmi les membres de la population sur cette affaire.

La Date : 6 mai 2011
Jacques Dorestal, chauffeur de la plateforme Repons Peyizan, a été assassiné hier soir selon l'annonce faite par le coordonateur national de la plateforme, Varnel Durandisse. M. Durandisse n'a cependant pas fourni aucune explication sur les circonstances de cet assassinat.

Enfin, quelques actes dont le barbarisme ont fait la honte de tout un peuple.

La Date : 15 juin 2005
Jacques Roche, journaliste et poète, mutilé le 15 juillet 2005, les mains liées. Il fut brûlé à la cigarette.

La Date : 25 janvier 1982.
Richard Brisson a été lâchement assassiné.

La Date : 3 avril 2000
Jean-Leopold Dominique, a été assassiné, ainsi que son chauffeur dans la cour de Radio Haïti Inter.

La Date : 11 septembre 1993
Antoine Izmery, a été assassiné, en plein jour.

Tous les cas de lynchages par la population...laissent à désirer.

Nous avons enregistré, au moins, 6 LYCHAGES à Port-au-Prince cette année.

Personnellement, le cas d'assassinat de mon beau-père, Félix Hérard le 6 août 1979. Les auteurs de ce crime horrible, aujourd'hui, ne sont plus anonymes.

Persécutions, arrestation et emprisonnement illégaux des partisans de Louis Déjoie, qui a semé la terreur dans toutes les couches sociales et économiques de la nation haïtienne.

La chose la plus drôle c'est que nous les contribuables de ce pays, nous payons nos agents de sécurité pour un service. Et, lorsque nous sommes venus demander des comptes, on nous répète les mêmes cantiques, "l'enquête suit son cours", "nous venons de transmettre le dossier aux Etats-Unis pour les suites nécessaires", "le dossier est à l'étude". Souvent on arête des gens qui n'ont rien à voir avec notre cas.

Un Palmarès LOURD

Bien que la nouvelle administration fasse de son mieux pour relever l'image du pays, le dossier est lourd sur le chapitre du Kidnapping.

Un message à l'affiche, la date, le 7 décembre 2005, on lit :

La famille attend les nouvelles sur le rapt.

Les kidnappeurs ont rabaissé la valeur de leur demande de rançon à $10 000.

L'argent est en route.

Nous avons sous nos yeux quelques dossiers qui front frémir.

Voyez vous mêmes sur :

http://www.sptimes.com/2005/12/07/Hillsborough/Family_a waits _word_on.shtml

TAMPA - Le voyage, il l'a fait pour les enfants démunis.

Malgré les préventions du gouvernement américain qui avisent les citoyens de ne pas voyager en Haïti, Daniel Thélusmar a pris le risque, voyageant à son pays natal en vue de faire livraison de quelques marchandises aux enfants assistés.

Maintenant ses proches ont peur pour sa vie.

En moyenne, on enlève trois personnes par jour en Haïti, selon Corwin Noble, un consultant de sécurité en Haïti. "Ils ciblent les gens faciles," dit Noble." Les étrangers qui viennent ici ne se rendent compte que la place est dangereuse.

Tout cela n'a plus une ampleur politique. C'est purement business." Le problème sécuritaire s'est empiré depuis le renversement du président Jean-Bertrand Aristide l'année précédente, dit le rapport.

Missionnaires, écoliers et même les passants -- personne n'est exclu des kidnappeurs en Haïti.

PAP - Haïti - Quesnel Durosier quitta la banque avec $3 500 US dissimulés dans ses chaussettes, avec lui l'idée de son prochain mariage. Quelques secondes plus tard, une voiture croisa la route, des individus armés sortent et le pousse dans leur voiture avec une femme qui se tenait non loin de là.

Ce qui s'en suit fut un cauchemar de tortures et de menaces à mort pour les victimes...

On parle aussi du cas de Madame Valmé, assassinée "en dépit du versement d'une rançon par ses parents.

Plus loin, on lit : Trois techniciens de l'Organisation des Etats américains victimes de Kidnapping, ils ont été enlevés par des inconnus lourdement armés. La date, le jeudi 29 novembre 2005.

Ed Hughes, missionnaire Canadien décide de quitter Haïti après avoir été victime d'un rapt. Ces ravisseurs lui accordent la liberté suite au versement d'une rançon de $2 000 USD. Il a été captif pendant quatre jours. Blessé au bras, on l'ampute la majeure partie de son bras.

La Date, 20 juillet 2006, à 3 : 39pm

Des ravisseurs ont enlevés deux missionnaires natifs de la Caroline du Nord, en route vers l'église dans la capitale Haïtienne. Les kidnappeurs demandent une rançon de $100 000 USD. Initialement, ils demandaient $500 000 USD.

Le même bulletin précise que durant l'année qui précède, 43 américains ont été kidnappés en Haïti, incluant 3 qui ont été assassinés au cours d'un attentat.

Note de presse qui nous vient du Bureau des Affaires Consulaires du Département d'Etat.

Plus loin, le frère de Patrick Gardère, propriétaire d'une industrie de céramique dit :

On nous a tiré dessus, on nous vole, on nous enlève. Il a du définitivement fermer les portes. "Nous ne possédons aucun autre moyen de vivre," dixit M. Gardère.

Charles Adams, un missionnaire âgé de 70 ans, de Queensbury, New-York, travaillait dans le programme de traitement d'eau potable. Au cours d'un embouteillage, alors qu'il revient d'un meeting, des individus armés s'emparent de sa voiture.

Soudainement, dit-il, je regarde, on ouvre les portes de la voiture. Ils étaient trois personnes armées marchant aux alentours. Adams fut libéré sans payer de rançon.

Note de Presse.
Date, 27 octobre 2006

Un autre missionnaire, Révérend Pritchard Adams III, qui résida en Haïti pendant 24 ans, a été enlevé à mains armées dimanche, après la messe au Cap-Haïtien.

Les ravisseurs demandent $80 000 US, qu'ils rabaissent à $5 000 vers Jeudi.

En plus, il y eut le cas de la petite Natacha Dessources. "Je ne pensais qu'ils allaient tuer mon enfant," dixit Maggy Dessources. Ils l'ont fait. Même après avoir versé un montant de $500 US. Le corps criblé de balles de Natacha a été retrouvé deux jours après, non loin d'un tas d'immondices, les yeux crevés, deux de ses doigts brisés. Peur, Maggie Dessources alla se cacher avec son garçon de 15 ans.

Note de Presse.
Date, 8 février 2007 à 12 :02pm

Le pasteur de l'Eglise Adventiste du septième jour, Jean Emmanuel Daniel Gordon, a été enlevé par des individus armés dans les environs de Martissant.

Faut-il tout oublier et vivre comme si de rien n'était ?

Le palmarès est trop lourd. Qui sont responsables ?

Brandt est en prison, mais où sont les autres ? Et pourquoi tout ce silence ?

Duvalier circule avec son passeport diplomatique, ce qui est un très mauvais signal, d'ailleurs ! A notre avis, c'est un manque de respect pour toutes les victimes !.

Une Histoire d'Horaires

Il suffit de passer quelques heures en Haïti pour se rendre compte qu'il y a une toute petite chose qui manque. Oui, imperceptible, sont les heures de travail au bureau. Quel que soit l'endroit, on a l'impression d'être en vacances.

Autre chose qui attire l'attention c'est qu'un Lundi à 9 heures du matin, on observe des jeunes adultes en train de jouer au football et au basketball. L'âge le plus important de toute une vie, on le passe sans lire et sans travailler.

Ceux qui ont la chance de travailler, n'observent pas les heures de travail non plus et cela s'applique à une majorité de gens.

On se demande parfois, mais, qu'est-ce qu'ils font ? Combien d'heures passent-ils à s'occuper du travail qu'on leur donne ? Nos questions trouvent des réponses pourtant convaincantes. Ils flânent. En voiture ou à pied, ils flânent. C'est une vie sans horaire de travail et sans calepin, sans lecture, donc sans lumières. Explicitement.

Qu'est-ce que tout cela veut dire ?

Les ministres baladent dans la rue avec leurs luxueuses voitures officielles, climatiseurs, vitres teintées, sirènes et latriyé, ils sont pressés. On risque de se faire tuer pour laisser passer ces voitures, alors que ce ne fut pas vraiment un cas d'urgence.

Allons faire un petit tour en ville, c'est ce qu'ils disent. La plupart du temps, ce ne sont pas les affaires de l'Etat, mais plutôt des affaires personnelles, de concubinages, de massages, de blagues, tandis que le pays paye tous les frais.

Sans horaire de travail affiché, et renforcé par de vraies menaces de non payement de salaire, ces messieurs continueront à ne rien faire..

Des Criminels tuent une Missionnaire

Pas de bonnes nouvelles à transmettre ce samedi, alors que je me suis levé de bonne humeur, des criminels haïtiens ont fait parler d'eux et ternir en un jour, tous les travaux des gens dévouées à projeter une image positive et la bonne réputation du pays.

La religieuse Espagnole Isabel Sola Matas a été tuée vendredi à Port-au-Prince par des individus armés. Elle a été abattue alors qu'elle conduisait sa voiture dans la zone de Sans-Fil, quartier dangereux de la capitale haïtienne, c'est ce que rapportent les médias.

Isabel Sola Matas, était une missionnaire âgée de 51 ans et originaire de Barcelone, en Espagne. Elle a vécu pendant plusieurs années en Haïti.

Isabel Sola Matas avait dédié toute sa vie au service des pauvres et a reçu au moins deux projectiles ; une source policière confirme à une station de la capitale haïtienne qu'on pense le motif a été celui de lui voler son argent parce que les bandits lui ont enlevé sa bourse et d'autres effets personnels alors qu'elle revenait d'une transaction bancaire.

Plusieurs rapports affirment que la religieuse était très active parmi les secteurs les plus pauvres de Port-au-Prince, et parmi lesquels elle a vécu presque tous les jours, surtout après le tremblement de terre de Janvier 2010 qui a dévasté la capitale d'Haïti, Jacmel et Léogane.

Aussi, dans la même note de presse, on nous dit que des bandits ont tiré sur des passants après un cambriolage.

Enfin, si nous ne mettons pas fin à ces désordres, il est facile de pronostiquer un grand problème diplomatique pour le pays et tous ses dirigeants à l'horizon.

La criminalité ayant maintenue cette allure exponentielle, si elle demeure effrénée occasionnera une chute tellement profonde et une perte si grande que nous ne saurons ni recouvrer, ni nous en sortir ; c'est un engrenage que même les Nations Unics ne pourront intervenir pour nous sauver.

Veritas ipse dixit

L'Âne Nul, Candidat Officiel

Votez l'Ane Nul, Candidat

Une Parodie de Zo d'Axa.

Cela fait quelques mois depuis notre premier message sur l'Âne Nul. Aujourd'hui, comme vous voyez, l'image de notre Âne Nul a subi une sorte de remaniement.

L'auteur dit, "Aujourd'hui si nous en causons c'est pour faire remarquer au peuple, peuple de Paris et des Campagnes, ouvriers, paysans, bourgeois, fiers Citoyens, chers Seigneurs, c'est pour faire assavoir à tous que l'âne blanc Nul est élu. Il est élu à Paris. Il est élu en Province.

Additionnez les bulletins blancs et comptez les bulletins nuls, ajoutez-y les abstentions, voix et silences qui normalement se réunissent pour signifier ou le dégoût ou le mépris. Un peu de statistique s'il vous plaît, et vous constaterez facilement que, dans toutes les circonscriptions, le monsieur proclamé frauduleusement député n'a pas le quart des suffrages.

On avait sûrement procédé à l'inscription de l'Âne Nul pour qu'il figure parmi les candidats.

L'Editeur nous dit que, "Durant la période électorale l'affiche-programme fut réellement placardée sur les murailles, et le jour du scrutin le candidat satirique traversa réellement Paris, de Montmartre au quartier Latin, fendant la foule enthousiaste ou scandalisée qui manifestait bruyamment. Boulevard du Palais, l'âne fut dûment appréhendé par la police qui se mit en devoir de traîner son char pour le conduire en fourrière, et s'il n'y eut alors bagarre entre les partisans de l'Âne et les représentants de l'Ordre c'est bien, ainsi que le contèrent les journaux de l'époque, grâce au rédacteur de la feuille qui s'écria : "N'insistons pas, c'est maintenant un candidat officiel !".

Vulgarisation

Aujourd'hui nous sommes arrivés à un moment crucial pour notre histoire de peuple, et nous estimons qu'aujourd'hui, plus que jamais, pour survivre, Haïti doit tout vulgariser.

Vulgariser les métiers. Il nous faut, au moins 7 centres de formations professionnelles, repartis dans toutes les grandes villes du pays.

Vulgariser le travail. Donner du travail à tous qui en cherchent et qui veulent travailler, pour empêcher que nos jeunes quittent leur pays pour s'aventurer vers d'autres horizons.

Vulgariser l'économie. Engendrer la compétitivité en facilitant les moyens de monter une entreprise en moins d'un mois et sans parti pris. Dérégulariser l'économie haïtienne, pour lui donner des ailes. Un baisse ciblée dans certains tarifs pour stimuler l'économie.

Vulgariser l'agriculture. Il nous faut des jardins communautaires dans tous les coins du pays. Pour que l'haïtien moyen puisse suffire à lui-même. Apprentissage élevage et agriculture dans nos écoles.

Vulgariser l'éducation. Une baisse dans les frais d'écolage pour faciliter la tâche aux parents d'envoyer leurs enfants à l'école.

Vulgariser la santé. Il nous faudra finir avec cette histoire de centralisation de notre système de santé. On n'enseigne plus les haïtien l'hygiène dans nos écoles.

Cette affaire d'exclusivité dans le commerce ou de privilège nous a précipité dans un gouffre sans fond. Pour avancer, Haïti doit tout vulgariser..

Dérèglement

Après avoir perdu vingt précieuses minutes de ma vie à entendre parler l'une de ces personnalités haïtiennes sur les ondes d'une station de radio de la capitale, l'homme averti doit se demander jusqu'où iront les dérèglements.

Sans aucune preuve à l'appui, tout au cours de ce que nous appellerons plutôt un monologue, parce que ce n'était pas une interview, il sembla attribuer tous nos déboires aux anciens présidents d'Haïti. Allons, donc ?

Bon, si les Dominicains, font mieux que nous, la faute est à qui ? Les anciens présidents ? Je ne crois pas, monsieur.

C'est à tout un système qu'il nous faudra juger d'abord, pour mieux discerner et déduire ces raisons. Le chef d'Etat évolue selon le système en place. Il y a des paramètres de fonctionnement bien définis.

L'influence de la Chine, au seuil de la porte de nos voisins devait être un sujet d'inquiétude et non de calculs, speculations (d'argent), profits, et dérèglements.

Cazale, 49 Ans plus tard

Devoir de Mémoire.

27 Mars 1969 - 27 Mars 2018

49 ans depuis que le régime anathème avait perpétré le massacre de Cazale.

49 ans depuis la population de Cazale n'a cessé de pleurer.

C'était dans l'enceinte le la petite église Saint-André surchargée dont la plupart de l'assistance était composé soit des victimes ou des membres de leur famille. Surchargée des personnes à appartenance au secteur démocratique, qui avait fait le déplacement, surchargée d'enfants aussi, que le père Aristide avait chanté une messe de requiem sous un soleil de plomb, vers midi dans le bourg de Cazale hier.

Ce fut sur cette montagne qui domine le Bourg de Cazale, que nous avions été témoins de beaucoup de pleurs et d'émotions parce que les gens se ressouvenaient de ce qui s'était passé.

Quel est l'état actuel de cet Amour, Justice, Liberté et de la Fraternité dont on nous parlait ?

Impulsion Démocratique

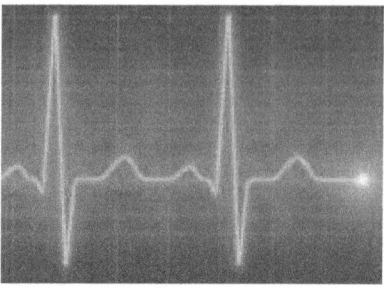

Le fanatisme est une pente dangereuse pour un pays comme Haïti, où l'on a tellement la mauvaise habitude de s'entr'égorger pour un rien.

Hier encore, nous avions vu tout un ramassis de gens, essayer, soit d'éxciter les anciennes passions nationalistes, ou encore pour essayer provoquer une crise sociale. Tout cela, se avantaj bab e moustash tout zòt sayo ki vle mete Haïti nan tyouboum.

Hier aussi, c'était l'époque des grandes rivalités entre Nemours-Sicot, duvalieristes-jeanclaudistes-aristidistes. Tout ce fanatisme a causé un schisme, a provoqué un grand écart et des déchirements presqu'irréversibles dans notre société.

Hier surtout, c'était pour eux l'opportunité en or, de faire leur mea culpa. Hélas, vaines espérances !

'

D'après notre expérience, il existe certaines gens qui préfèrent mourir avec la bouche bée... malgré nos efforts pour les convaincre de parler franchement, d'écrire en termes de témoignage, (ce qui aurait servi à la postérité) et jusqu'aujourd'hui, ils refusent... parmi eux Bazin, quelques-uns des anciens généraux de l'armée, des individus très actifs lors des mouvements subversifs contre le système...

Haïti est devenue une société muette où le crime et l'impunité règnent, alors que les victimes et la justice continuent à attendre.

Avec cet état de choses, nos tortionnaires et leurs victimes n'auront jamais l'opportunité de s'asseoir ensemble pour discuter la répression en Haïti.

Combien de barils de Gourdes ?

Sans débats, et sans mots dire, nos hommes politiques prennent des décisions périlleuses.

Ce n'est pas surprenant que les nationalistes applaudissent. Pour nous autres qui font une analyse approfondie et sans préjudice de la situation financière actuelle du pays, nous pensons qu'il y a lieu de s'inquiéter.

Vulgariser l'économie haïtienne, c'est lui donner des ailes. En contrepartie, réglementer cette économie, c'est lui jeter des bâtons dans les roues. C'est un deuxième coup fatal de la nouvelle administration au préjudice de l'économie haïtienne. Le premier a été celui de l'augmentation des tarifs. Deux coups qui auront un impact négatif sur l'économie qu'on veuille toujours contrôler, règlementer, légiférer à outrance. Tout moun mare sentu nou, paske se pita nou pwal pran kanè sou vye desizyon sayo.

La meilleure chose à faire serait plutôt d'exiger aux banques haïtiennes d'implémenter un système de payement électronique pour faciliter les activités économiques à travers le pays. Nous sommes trop habitués à vouloir tout contrôler, et de mettre tout le monde dans les chaines.

Au contraire, le gouvernement décida, pour une deuxième fois, de freiner les activités économiques. Manque d'expérience, peut-être ou un acte de malveillance pour provoquer une crise ?

En tout cas, en bon observateur sur ce qui se passe dans le pays, nous pensons qu'il serait préférable de demander aux banques d'implémenter des réseaux ATM pour réduire les lignes interminables que font tous les jours la clientèle dans les succursales des banques pour avoir accès à leur argent. Cela aurait été une idée géniale de la part de nos dirigeants.

En somme, les bonnes idées leur manquent. C'est bien malheureux de remarquer aussi leur assiduité dans l'erreur....

Électricité 24/7

Le bruit retentissant qu'a fait cette propagande nous est parvenu après avoir lu un article du Nouvelliste. On nous a dit, qu'il existe une caravane en Haïti qui opère des changements, touchants à tous les points importants au développement durable d'Haïti. Il fallait voir ça !

Nous ne voulons pas qu'on nous dise des choses comme ça et puis, comme on a souvent l'habitude, faire passer la nouvelle aux lecteurs sans aucune forme de vérification.

Eh bien, voilà ! Nous étions sur le terrain pour faire le constat sur cette affaire d'électricité 24/7.

Notre vol sur Port-au-Prince avait heureusement terminé vers la tombée de la nuit. La ligne aérienne qui assurait le transport, a faite n'importe quoi, et il est devenu coutumier de voir des vols en retard, des avions dont le luxe laisse à désirer, puisqu'on ne leur exige rien en termes de standard de luxe pour les voyageurs haïtiens.

Voyages aussi couteux qu'un voyage au Canada, en Argentine, au Jamaïque. Mais comme c'est Haïti, on nous donne un avion selon notre mérite.

Survoler le territoire national au milieu de la nuit nous donne un baromètre pour cette histoire d'électricité 24/7.

Point besoin de vous dire notre étonnement. Nous avons vu quelques points lumineux sporadiques, mais la majeure partie de la capitale et les villes de provinces sont une masse distinctement noirâtre.

Nous nous attendions à voir une ville illuminée. Bon, il fallait voir de près ce qui se passe pour mieux examiner l'état du blackout.

Certaines zones de la capitale et Pétion-Ville, Delmas sont illuminées, par moments; les quartiers populaires ne le sont pas, l'arrière-pays surtout pas.

Il faut dire qu'il y eut un petit progrès tangible, parce qu'on ne passe plus d'un jour sans électricité. Mais, les coupures de courant sont omniprésentes, le jour comme la nuit.

Tombeau des Journalistes

Dans la rue, j'ai vu
un franc progressiste
un jeune journaliste
sur le sol cloué
la face défoncée
on dit qu'il est mort
pour la vérité
les gens s'amassaient
les femmes pleuraient
bien que leur visage
fut emplie de rage
ils se repliaient
le cœur à l'envers
ils n'avaient rien à dire

Refrain

Le mort avait la chance
on lui fit venir une ambulance
encore une étoile
devait cesser de briller

Dans la rue, j'ai vu
j'ai vu bien de choses
choses qui m'ont laissé croire
laissé croire qu'enfin
qu'enfin tous mes frères
sont en train de disparaitre
J'ai vu un certain journaliste
ou progressiste,
du nom de Gasner Raymond
sur le sol cloué,
il avait la face défoncée
on dit qu'il est mort
pour la vérité

Dans la rue, j'ai vu
j'ai vu tant de choses
choses qui m'ont laissé croire
laissé croire qu'enfin
qu'enfin tous mes frères
sont en train de foutre le camp
pour la vérité

la la la la la

Transcription de Weiner Marthone.

Le vrai nom du troubadour qui avait chanté cette chanson à la mémoire de Gasner Raymond ? Umm! C'est un secret des Mages!

Nous avons quelques suspicions...Disons qu'il est l'un des meilleurs guitaristes Haitiens....

A vous de deviner son vrai nom…

L'individualisme

Dans les jeux d'équipe comme dans la vie réelle, l'individualisme est un défaut. En Haïti, nous avons, dans notre vernaculaire coloré, estimé qu'on ne puisse manger à son aise avec un seul doigt.

Même le plus ignorant parmi nous pourra vous dire cela carrément, yon sèl dwèt paka manje kalalou.

Pourtant, l'individualisme dont nous parlons est cousu dans nos mœurs et dans nos habitudes. C'est une démagogie typiquement haïtienne, de proférer ces belles phrases.

Un tout petit coup d'œil sur les journaux haïtiens cette semaine, et nous sommes convaincus que nos dirigeants sont des bons à rien.

On a parlé de l'eau potable. Mais, les chargés d'affaire dans ce domaine, bien qu'ils sachent qu'il y a urgence, se positionnent pour nous bafouer à nouveau. Nos Haïtiens en charge sont toujours à l'étude, et dans un état permanent de consultation, jamais à l'élaboration d'un plan d'exécution, avec des dates concrètes.

Qu'est-ce qu'ils font ? Eh bien, ils bafouillent ! Et cela a continué jusqu'à nos jours, le taux d'analphabétisme aidant cet état de choses...

Jusqu'aujourd'hui, nous envoyons des dirigeants, ne possédant aucune expertise, faire du tourisme un peu partout dans le monde, surtout en France.

Cela va plus loin, car on nous promet ces derniers temps de vassaliser les partis politiques en Haïti. À partir de là, s'attaquer à la liberté d'expression ne sera pas trop loin. C'est bien la ligne de démarcation. Nous devrions protester dès le début qu'on y a pensé à une pareille violation du droit à la parole. On n'a pourtant rien dit, on a rien écrit non plus. Anathème aux infâmes blasphémateurs de ces doits sacrés !

L'individualisme doit mourir à petits coups, pour que le travail d'équipe puisse renaitre de ses cendres.

Le Marron de notre Temps

Nous avions fait mine d'ignorer son existence, mais sa présence continue à se faire sentir.

Il est partout, et pourtant il est introuvable. Il donne des interviews à la radio, et est technologiquement à l'heure ; tellement en vogue qu'on peut le trouver sur les réseaux sociaux.

Qui est cet homme ? Cet homme qui s'habille en camouflage et qui parait être protégé par ses frères d'armes ?

Quand quelque chose arrive, on pense souvent que c'est lui, la cause. Des gens font une descente sur une station de police, tuent quelques-uns et on ne pense qu'à une seule personne.

On rapporte que des gens lourdement armées ont saccagé une branche d'Unibank dans le Sud, mais on ne dit pas quelles étaient les pertes ?

Et pourtant, dans l'opinion publique, on raisonne que c'était des hommes avec des habits de Kaka Jacot. Et l'on continue de penser que c'est lui la cause.

Imperturbable, le marron de notre temps est candidat à la députation de Pestel.

On le somme de se présenter par-devant un tribunal à Port-au-Prince, il refuse et lance plutôt un ultimatum de 24 heures au président provisoire.

Il déclare ce dernier, un président illégitime, illégal.

Hier encore, on a tiré sur des bâtiments qui représentent les investissements étrangers dans le pays. On ne peut s'empêcher de penser à lui. Ah, oui, tout le monde y pense.

Enfin, le nègre marron de notre temps demande que le processus électoral soit repris, il semble prôner la démocratie.

Oui, mais une démocratie avec les armes à la main pour bien mener la discussion. Rire.

Quand le vrai Guy Philippe lève le doigt !

Guy Philippe

Comment une Dictature peut s'installer en Haiti ? Encore une fois, je vous invite à consulter mon œuvre Dictateurs du Tiers Monde sur Amazon.

On a beaucoup entendu ces derniers temps sur son compte. On nous avait dit, depuis longtemps qu'on avait un mandat d'arrestation International contre lui. L'Etat haïtien le saisit après une interview à la radio et l'extrada vers les Etats-Unis.

Depuis lors, il y eut des manifestations, à la Grand'Anse, à Jérémie, aux Cayes, à Port-au-Prince, et à Paris...

En présentant Guy Philippe ici, nous ne voulons pas faire ni son éloge ou agrandir son profil, ni réveiller les anciennes passions nationalistes. Bien que nous croyions fermement le mauvais calcul de son arrestation a déjà eu les effets que nous venons de noter plus haut.

Nous voulons être impartial dans notre reportage sur la question. C'est pourquoi nous vous offrons un extrait de l'une de ses nombreuses interviews sur Internet.

La question que nous posons, après sa victoire aux élections sénatoriales, Guy Philippe est-il un simple citoyen ?

Voilà pourquoi nous présentons ici l'homme avec les mots qu'il a prononcés.

Guy Philippe -- C'est ce qui est étrange. Je ne sais pas pourquoi on m'associe à Robin des Bois, mais j'aime bien.

Robin combattait l'inégalité sociale et l'injustice et toute ma vie j'ai essayé de mener une lutte contre l'injustice sociale, donc c'est une lutte pour une quête de justice sociale tout comme le père fondateur de notre patrie Jean-Jacques Dessalines. Lui c'était un véritable Robin des Bois. Je crois. Donc, c'est une histore qui m'a toujours fasciné et j'aime bien qu'on me compare à Robin. C'est un honneur.

Comme on a osé attaquer M. Aristide et les intérêts autour de M. Aristide. Il est normal que certains disent à la radio et même dans les journaux assez connus que Guy Philippe, c'est un scélérat, c'est un drogue dealer, c'est un terroriste, c'est normal et je ne m'attendais pas à ce qu'ils m'appelent Jésus Christ. Je sais c'est comme ça le CHE a dû payer le prix fort et Thomas Sankara a payé le prix fort de tous ceux qui essayent de mener une lutte pour une certaine justice et finissent par être appelés terroristes, drug dealer ou autre.

On voulait une justice sociale, on voulait une réconciliation nationale. Moi, je me suis mis dans la bataille pour une réconciliation nationale. Et, certains croient que je suis contre Lavalas. Je ne suis pas contre Lavalas. Je ne suis pas duvalieriste. Je ne suis pas contre Lavalas. Je suis pour une Haiti unie. Et je crois qu'en 2003 - 2004 avec le départ de M. Aristide c'est ce qu'on allait avoir.

Mais, malheureusement, encore une fois la bourgeoisie corrompue, l'élite intellectuelle pourrie, excuse moi l'expression, c'était ça. Ils se sont mis du côté de l'Ambassade américaine. Ils ont mis sur pied une organisation bidon qui s'appelle Conseil des Sages.

Ils ont fait venir de l'étranger M. Latortue qui ne savait, qui ne connaissait rien des réalités du pays. Et, ils ont violé la loi, mais ils parlent tout le temps d'Etat de droit. Ils ont violé la constitution de notre pays, mais c'est eux le symbole de la démocratie. C'est ce qui dérange. Et, malheureusement moi, je dis la vérité, c'est pourquoi j'aurai toujours des ennuis.

Je tiens à me présenter. J'aimerais me présenter pour les sénatoriales de cette année. Je me présenterai sûrement. Je dois te dire que ce n'est pas le passé récent, je ne suis pas l'influence du passé recent. C'est toute ma vie et j'ai lu et j'aime lire et j'ai lu quelqu'un, Jean Jacques Rousseau, je crois c'est lui qui m'a le plus frappé.

Et Jean Jacques Rousseau et surtout j'ai lu La Bruyère, qui a dit une fois, "Parfois on devait avoir honte d'être heureux parmi tant de misères." Et ce sont ces choses-là je crois, dès mon adolescence, ces choses-là m'ont frappées et j'ai voulu toujours consacrer ma vie à quelque chose qui soit plus grand que mon bonheur personnel.

Donc, ne vous en faites pas je sais que c'est pas facile. Je sais que c'est difficile, mais je suis prêt à faire le sacrifice ultime si c'est nécessaire.

Je crois que nous autres après vingt-ans de lutte contre les Duvalier. Et c'est vrai qu'on ne peut pas changer un modèle ancien du jour au lendemain, un modèle de société du jour au lendemain. Et c'est aussi vrai qu'on attend trop. Et, c'est vrai que l'histoire parfois, trébuche, balbutie, mais je crois qu'il est grand temps qu'on puisse trouver notre route. Et ce qu'on aimerait, le grand problème c'est que l'Amérique, surtout les Etats Unis, veuillent se faire passer pour un exemple.

Non. L'Amérique ne peut pas être un modèle exemplaire. Aucun pays ne peut se permettre de dire qu'il est un modèle exemplaire. Il faut respecter la culture des autres. Et je suis Haïtien, et j'ai ma façon de vivre. Et une démocratie qui est bonne pour les Etats Unis ne veut pas dire que c'est bon pour Haïti. Il y a plusieurs types de démocratie.

Pour eux, comme ils sont déjà assez loin, ils n'ont pas ce problème de famine et de misère, et d'analphabétisation. Donc, pour eux c'est facile de dire la démocratie, etc. ça peut marcher. Si mon peuple a faim, si le peuple ne peut pas manger, si un peuple ne peut pas envoyer ses enfants à l'école ? Si on n'a pas accès aux soins de santé. Comment peut-on parler de démocratie à l'américaine ?

Donc, je crois que c'est ça, on essaie de nous imposer un type de démocratie. Nous autres, nous sommes pour les droits de tout un chacun. Mais, je crois qu'il n'y a pas un modèle de démocratie.

Journaliste -- Comment Haïti se positionne-t-il est-ce qu'il y a des axes privilégiés ou des axes repoussoires ou contraires. On pense beaucoup aux relations avec l'Amérique Latine, on pense à ce qui vient de se passer au Canada, on pense aux relations avec la France, bien sur. Quel est votre avis là-dessus ?

Guy Philippe -- Je crois que depuis la mort de Pétion. Malheureusement je ne suis pas vraiment pro-Pétion, mais depuis sa mort et la mort du roi Henri Christophe. Je crois que par rapport à l'Occident, pour les grandes puissances, Haiti a toujours développé une attitude de mendiant, de peuple mendiant. Et c'est ça, donc on ne peut pas dire qu'on a vraiment une position vis-à-vis des Etats-Unis, vis-à-vis de l'ancien bloc socialiste ou du Canada.

Ceux qui nous gouvernent n'ont aucune position. Ils ont besoin d'argent. Et nous sommes tous des mendiants en Haiti. Notre Président, c'est le premier mendiant. Et comme on ne produit rien. Et, donc si le Canada dit qu'on doit faire ça, sinon le Canada ne nous donnera pas les vingt millions promis ?

Donc, on n'a pas le choix, on doit faire ce que dit le Canada. Donc on aura une position vis-à-vis des autres quand, et seulement quand Haiti aura atteint son autosuffisance alimentaire... Transcription réalisée par Veritas, à partir de l'interview publiée sur youtube.

Le suivi sur l'affaire de Guy Philippe. En deux occasions, nous avons vu un revirement complet de la situation. Alors qu'en Haiti, il y en a eu, une effervescence populaire, qui était manifeste dans les rues de la capitale haitienne, et dans quelques villes de provinces, Guy Philippe a été entendu en Mars 2017. Selon le Sénateur élu, son cas ne serait qu'une affaire de compte bancaire contenant $150 000 US.

Déclaration qu'il a faite sur bande magnétique qui avait fait le tour des médias sociaux.

Guy Philippe admettra plus tard sa culpabililté d'avoir accepté des millions en provenance du traffic illicite de cocaine. Spécifiquement, il admet d'avoir accepté entre 1.5 et 3.5 millions provenant des traffiquants Colombiens, leur permettant d'acheminer leurs cargaisons de cocaines vers Miami et autres lieux des Etats-Unis entre 1999 et 2004.

Guy Philippe transferra une somme de $370 000 US de son compte bancaire en Haiti et en Equateur, à un compte bancaire qu'il possède avec sa femme, Natalie, au First Union Bank, à Miami. Pour éviter toute detection, le prevenu utilisera les noms d'autrui pour transferer de l'argent sur ce compte bancaire, d'après une déclaration signée par Guy Philippe et les procureurs Lynn Kirkpatrick et Andy Camacho.

Guy Philippe admettra, en outre, d'avoir fait un dépôt de plus de $70 000 sur son compte, dans une série de transactions d'une valeur de moins de $10 000, pour essayer d'éviter les rapports requis aux banques par les autorités fédérales des Etats-Unis.

En fin de compte, Guy Philippe se trouve actuellement en prison aux Etats-Unis pour blanchiment d'argent et de corruption et d'abus de pouvoir.

Déconnexion avec la réalité

Les frais d'inscription dans nos écoles sont à la hausse, précédés par l'augmentation du prix des produits pétroliers, puis, un ajustement dans le salaire minimum.

Cela s'entend, mais ce que nous n'avons pas compris, c'est le timing de ces mesures, juste avant la rentrée des classes.

Comme observateur de ce qui se passe en Haiti, nous avons jugé bon de faire une comparaison pour les lecteurs.

Les frais d'inscription dans les écoles publiques sont de 1 000 gourdes. Ah, oui ! Et si nous jetons un regard sur l'histoire de ces frais, nous verrons, d'une manière conservatrice, qu'ils étaient entre 15 et 25 gourdes, dans les années 1974 - 1979.

Nous avions estimé l'augmentation à 195%. Comment voulez-vous qu'une personne qui gagne moins de 400 gourdes de salaire minimum, puisse payer 2 000 gourdes pour envoyer, au minimum, 2 enfants à l'école ?

Or, nous savons parfaitement que trouver un emploi en Haïti n'est pas une chose facile.

Et que, l'haïtien moyen qui travaille ne gagne pas assez d'argent pour son logement et sa nourriture.

À propos, tous ces prix sont en hausse...

Est-ce une autre façon de dire, que les pauvres et les démunis, dans ce pays, n'auront plus accès à l'éducation ?

Encore une fois, nos hommes souffrent d'une déconnexion profonde avec la réalité.

Et la misère continue pour les plus vulnérables...

La Caravane de l'Exode

Les opprimés de ce monde ne veulent plus souffrir à être constamment sous le joug des régimes tyranniques de leurs pays. Dans le monde d'aujourd'hui, l'accès à l'information a ses avantages et ses inconvénients.

Avantages. Les réseaux sociaux, on apprend ce qui se passe dans n'importe quel coin du globe en un seul Click.

Inconvénients. Toutes les informations reçues sur ces réseaux doivent être vérifiées, et ne veulent pas dire, nécessairement, que c'est ce qui se passe actuellement.

L'exode dont nous sommes témoins ces jours-ci, n'est pas l'affaire d'une nationalité, d'une race ou d'un groupe de gens. L'explosion de la population mondiale, les guerres, la recrudescence des régimes arbitraires, les divisions entre les hommes ont beaucoup contribué à cet exode en masse.

Vivre dans la peur, ne pas pouvoir sortir à son aise, dans toutes les heures du jour et de la nuit est devenu un luxe. Parce que, des énergumènes s'amusent à tirer des armes à feu toute la nuit, des taxi-motos sont souvent utilisés pour semer le deuil dans toutes les familles, les universités ne fonctionnent plus, et malheur à quelqu'un s'il tombe malade, car l'UEH était en grève, et si l'on a quelques dossiers judiciaires à traiter, n'en parlons plus, les greffiers étaient en grève, les juges demandent leur part du gâteau, sinon ce sera leur tour de paralyser le secteur judiciaire.

Certains prennent le chemin du Canada, d'autres le Chili ou le Brésil. Qu'est-ce qu'ils cherchent ?

Ils veulent une vie meilleure pour eux et pour leurs enfants. Ces personnes qui laissent Haïti, ont, pour la majeure partie, une position enviable en Haïti. Et pourtant, ils partent...

Cela doit dire quelque chose du trait de caractère de ces jeunes, et de leurs aspirations. Ils ont beaucoup accompli, jusque-là dans leurs pays d'origine. Mais, en Haïti, il y a toujours ce plafond qu'on ne peut pas franchir.

Nous avons eu l'expérience de cette femme égoïste qui avait refusé de louer aux jeunes entrepreneurs haïtiens, une part de son immeuble, et qui refusa de répondre à tout appel, même le mien, lorsque j'avais essayé d'intervenir en faveur de ces jeunes.

Nous parlons ici, en connaissance de cause, ensuite, ce même petit groupe de jeunes Haïtiens anglophones, qui font de leur mieux pour survivre en Haïti. Ils nous rappellent tellement de notre enfance au pays...

Jean Dominique parlait de la « révolte contre les pères », eh bien cette révolte est pacifique et c'est ce qui se déroule en ce moment sous nos yeux et que nous appelons, la caravane de l'exode.

Une Crise Migratoire

Calais, France.

Chaque année, des milliers d'immigrants asseyent de se frayer un chemin vers la Grande-Bretagne. Ils se cachent dans les compartiments des véhicules faisant le trajet du Nord de la France à l'Angleterre. La grande majorité d'entr'eux viennent des pays qui sont en état de guerre.

C'est un jeu très dangereux qui se joue dans l'ombre avec des conséquences extrêmement grave. Danger de mort, c'est le danger maximum, dit l'un des réfugiés.

La petite ville de Calais fait face à cette crise migratoire Internationale, toute seule, déclare le Maire de la ville.

La Police française réprime avec sévérité et aussi avec toute sa force les migrants. Mais, ces migrants sont des survivants qui n'ont rien à perdre. Ce qu'ils veulent c'est de se frayer un chemin vers la frontière finale de l'Europe, pour se rendre en Angleterre.

C'est ce que rapporte, Darius Bazargan, journaliste de BBC - Our World.

Calais est un port commercial d'une grande importance, des dizaines de milliers de véhicules lourds effectuent la traversée chaque semaine.

On a l'impression d'être en pleine période de siège. Des milliers de migrants débarquent dans ce lieu, ayant pour objectif de trouver une vie meilleure en Angleterre, située à une distance de 33km de l'autre côté.

Au lieu de trouver un chemin facile, ces migrants se sont heurtés à un vrai problème qui les force de se camper. On appelle cet endroit "La Jungle." Un camp de refuge érigé avec des matériaux amassés dans la nature.

Le rapporteur dit que c'est une sorte de Nations Unies, représentant, la misère humaine. Il existe une diversité ici qui est représentative de diverses régions de conflits dans le monde, Afghanistan, Syrie, Irak, Sudan. Toutes ces personnes viennent ici pensant à une amélioration de leur vie. Quels que fussent leurs espérances, en tout cas, ce n'était pas cela.

D'un côté, c'est un père qui s'échappe avec son fils, de l'autre une famille entière. Ce qu'ils veulent c'est une vie meilleure pour leur famille. Chaque soir, c'est un jeu de chat qui chasse la souris. La police veille jour et nuit sur les poids lourds, et ils font l'inspection avec des chiens dressés pour l'aider à découvrir le compartiment où se cachent les réfugiés.

Un réfugié a dit qu'il ne voulait pas rester en France. Justement parce que, d'après lui, la France est un pays fasciste. C'est pourquoi, il veut se rendre plutôt en Angleterre.

Discours du président Hollande

Aujourd'hui, nous vous présentons un extrait du discours du président français, M. François Hollande lors de sa visite en Haïti.

... Je vous annonce que la France, en accord avec vous, président Martelly, apportera son soutien à la modernisation du système éducatif haïtien. Parce que nous voulons que tous les jeunes haïtiens puissent être formés, scolarisés, accompagnés, suivis, parce que c'est leur droit le plus élémentaire et parce que c'est notre devoir. Veuillez donc, former les enseignants haïtiens, faire en sorte que davantage que nous eussions puisse être accompli par des enseignements français, par des formateurs français. Nous déploierons, autant que c'est nécessaire, par du volontariat, mais aussi par des expertises, tout.

Pour que vos écoles, vos lycées, vos universités, puissent être accompagnés par la France. Voilà notre devoir, voilà comment nous parlerons de l'histoire pour la mettre au service de l'avenir.

Nous ferons en sorte d'entretenir toutes les nouvelles technologies, à vos établissements, un programme particulièrement innovant avec une université numérique sera proposé à Haïti. A ce qu'elle est à Haïti, pour que vous puissiez accéder à toutes les connaissances, tous les savoirs, toutes les formations, tous les enseignements, tout sera mis à la disposition...

Nous voulons également que vous puissiez avoir une formation professionnelle de qualité.

Et donc dans tous les secteurs porteurs du développement de notre pays, l'eau, l'environnement, les énergies nouvelles, le tourisme, la culture. Nous veillerons à ce que dans vos centres de formation, la France puisse être présente. J'ai également décidé la construction d'un nouvel Institut Français sur le terrain du Mannoir du Laurier en association avec les collectivités françaises déjà en cours... pour diffuser la langue, la langue française qui est la langue aussi d'Haïti.

Parce que vous êtes un grand pays francophone. Parce que vos auteurs, vos écrivains sont reconnus dans le monde entier. A l'Académie française, un haïtien a été reçu. Depuis, nombreux viennent récompenser, les créateurs.

Nous avons donc voulu aussi, qu'il puisse y avoir avec cet institut Français, ici présent, la diffusion des savoirs, des connaissances, des créations...

Nous ferons en sorte que le Lycée Alexandre Dumas... devienne un pôle de formation professionnelle d'excellence. C'est l'engagement que je prends devant vous.

Nous augmenterons le nombre d'étudiants haïtiens boursiers, pour qu'ils puissent venir en France, suivre leurs études.

Enfin, l'Agence française de développement sera pleinement mobilisée pour ces projets et apportera des appuis financiers, ceux qui sont nécessaires, pour que nous puissions atteindre l'objectif que vous avez, vous même fixé. Parce que c'est vous qui avez voulu que les jeunes haïtiens puissent être tous scolarisés, tous formés.

Eh bien, la France sera à vos côtés pour y parvenir.

Je connais les défis que votre pays a encore eu, parce que vous avez voulu qu'il puisse y avoir un processus électoral. Parce que vous concevez le développement avec la démocratie. Parce que la démocratie est indispensable pour le développement. C'est elle qui donne la transparence, l'efficacité, la qualité.

Mais, c'est aussi un défi. Voilà pourquoi, les élections qui vont bientôt se tenir ici en Haïti seront déterminantes.

Il va falloir au peuple haïtien de définir son destin. La communauté internationale là encore sera à vos côtés. Mais, c'est vous et vous seuls qui déciderez. C'est vous et vous seuls qui organiserez. C'est vous et vous seuls qui choisirez.

Alors, je sais les divisions politiques, elles existent. Elles existent partout. Mais, elles peuvent trouver ici des terreaux qui peuvent permettre des facilités, des simplifications, des instrumentalisations. Alors, je veux vous rappeler quelle est votre devise...

L'Union fait la Force !

Faites-en sorte de vous rassembler, de vous réunir pour que la force haïtienne puisse être celle qu'elle est, celle qu'elle a toujours été. Une force de dignité, une force qui inspire le respect.

Monsieur le président,
Monsieur le premier ministre,
Mesdames, messieurs les ministres,

Je suis venu, accompagné de plusieurs membres de mon gouvernement. Je suis venu avec les collectivités françaises de la Caraïbe. Je suis venu avec des créateurs, des artistes, des sportifs. Je suis venu avec des chefs d'entreprises. Je suis venu avec des responsables humanitaires. C'est la France tout entière qui est là aujourd'hui. C'est la France, au-delà de ses sensibilités, qui est capable de regarder son histoire, parce que nous avons de la fierté de regarder notre histoire ; qui est capable aussi de regarder les douleurs, les malheurs de cette histoire pour mieux avancer.

La France, elle avance. Elle avance toujours et elle avancera avec Haïti. La France, elle est toujours debout quand il y a des épreuves. Nous en avons connu des actes terroristes. Nous avons connu aussi les épreuves et nous ne voulons pas nous donner en exemple. Mais, quand il y a ces douleurs, quand il y a ces malheurs, y compris lorsque d'autres en sont responsables, nous nous tenons debout.

Que nous faites-vous en Haïti ? Vous, vous tenez debout ! Parce que Haïti est bien vivante. Comme vous dites, en créole, même si je veux défendre ici la langue française. Parce que nous la partageons, parce que nous la défendons ; et parce que la secrétaire générale de l'organisation Internationale de la francophonie est d'origine haïtienne.

La France, non seulement défend la langue française, mais la France défend toujours la pluralité linguistique. La France qui est attachée au français, non pas parce que c'est sa langue. Parce que c'est la langue du monde, parce que c'est la langue de la diversité, parce que c'est la langue de la pluralité.

La France, elle défend aussi le créole. Parce que c'est une langue. Et parce que comme toute langue elle ne doit être pas protégée, préservée, mais parlée. Parlée.

Alors, Haïti est bien vivante, pitit Haïti toujou vanyan !

Merci, Vive la République, Vive Haïti et Vive la France !

Affaire Charlie Hebdo

Photo par AP

Tout le monde en parle. L'hebdomadaire satirique français a fait un grand coup de pub ! Mais, la liberté d'expression présume-t-elle la licence de tout caricaturer ?

Eh bien ! A ce qu'il parait, Charlie Hebdo, s'en moque de tout ! De la religion, comme de la politique. En d'autres termes, le journal agit comme ces comédiens qui s'en prennent à tous.

En somme, ce qui nous parait, ridicule, péjoratif même, sorte de peccadille, représente quelque chose d'intouchable et de précieux pour autrui. Tout de suite après le film qui a suscité d'ailleurs tant de violentes réactions à travers le monde musulman, une caricature du prophète Mohamet ? Allons, donc ?

Liberté de caricaturer, oui, mais, à quel prix ? Charlie Hebdo, un peu de bon sens s'il vous plait !

Publié le 21 septembre 2012 par Veritas

France - 12 Chandelles

Ecrit à la mémoire des douze personnes assassinées au siège de Charlie Hebdo le 7 janvier 2015 par des extrémistes Islamiques.

Quand on s'en prend à la liberté d'expression d'une personne ou d'un groupe de gens, c'est un acte crapuleux commis sur tout un peuple. L'arbitraire, sous toutes ses formes ne doit exister dans un monde vraiment démocratique et libre.

Veritas
Publié le 21 septembre 2012 par Veritas

Sur Pied de Guerre

À entendre parler nos responsables, nous avons deviné, dans leur façon de parler, qu'Haïti est tout le temps, sur pied de guerre.

La seule chose qui manque, c'est un état de dévastation. Le séisme du 12 janvier 2010 en avait fourni un...

L'antagonisme est toujours croissant, la violence aussi. Souvent, ce sont des meurtres planifiés d'individus qu'on estime trop progressiste, trop populaire. Alors, on les élimine, dans leurs voitures, dans la rue comme chez eux. Il y a toujours une raison pour un blackout, car c'est bien dans la noirceur de la nuit que ces grands chambardements arrivent pour semer le deuil dans toutes les familles haïtiennes.

Il est temps pour nous de reconnaitre, qu'il ne reste que nous... Donc, l'ennemi c'est nous aussi.

Des mercenaires tuent, volent tout sur leur passage, sous le regard indifférent de la justice haïtienne.

Ils possèdent assez d'argent, de voitures et des armes pour commander un assassinat. Tout se fait sur commande, et la vie du riche comme au pauvre ressemble à celle des petites bêtes nuisibles qu'on écrase d'un revers de main.

Nos lois sont édentées, alors que nos hommes de lois se vendent au plus offrant. Certains d'entre eux, les plus courageux, tombent souvent sous les balles assassines...

Ou ira ce chaos ? La MINUJUSTH aura beaucoup de travail à faire... Son succès dépendra largement d'un changement dans nos mœurs et de nos habitudes.

Augmentation de Taxe

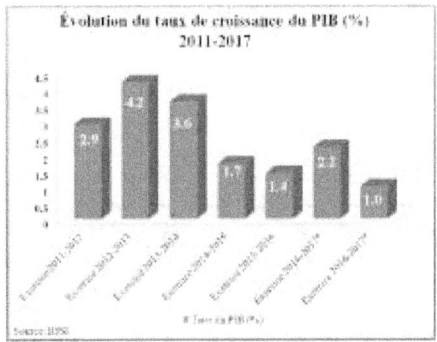

Toutes les têtes sont chaudes aujourd'hui, tellement qu'en moins d'un an, on a recommencé les mauvaises habitudes du sabotage.

Des gens paisibles ont été une fois de plus la cible des casseurs. On a eu recourt aux jets de pierres, et à l'incendie, sous les yeux d'un appareil judiciaire dysfonctionnel.

Qui va payer pour tous ces dégâts ? Est-ce qu'un peuple destitué peut se soucier des biens d'autrui ? Non, parce que que ne possédant rien, ces gens-là n'ont rien à perdre.

Une augmentation de taxe adoptée par les représentants du peuple, ratifiée par la présidence, et tout le monde n'est pas d'accord. Nous pensons que c'était pour cela que ce peuple avait voté ces représentants, pour qu'ils prennent des dispositions favorables à cette population ?

Existe-t-il déconnexion ? Le message n'avait pas abouti au destinataire. Et, nous sommes là !

Augmentation de taxe trop subite, peut-être, tandis que ce qu'il nous faudrait c'était une hausse graduelle pendant cinq ans. Quels étaient les noms des économistes à endosser cette mesure ?

Nous risquons de balancer dans le vide, toutes les avances en matière de croissance économique, seront jetées dans la poubelle même, avec cette histoire de taxe.

On a droit de se demander pourquoi nos dirigeants voient toujours les choses à l'envers ? Nous faudrait-il, surement, une diminution de Taxe, comme le font souvent les autres pays ?

Nous augmentons le salaire minimum, très bien, mais l'équation n'est pas bien balancée s'il n'existe pas d'encouragements en termes de taxation pour les industriels. Parce que, ce sont eux qui vont créer des emplois.

Nous voulons la hausse du prix des produits pétroliers, très bien, mais quels sont les encouragements, en termes de taxation pour les compagnies qui font l'importation de ces produits ?

Dans le premier cas, ces industriels peuvent recourir au licenciement des employés pour retrouver une parité dans leurs investissements. À leur tour, ces employés, ne vont plus dépenser dans l'économie haïtienne, puisqu'ils ne travaillent pas.

Dans le second, l'état a voulu diminuer sa part de subvention dans l'importation du pétrole et les produits qui en dérivent. Mais, est-ce en fixant le prix du carburant seulement que l'on puisse ramener l'équation à zéro ?

Périssent les peuples, lorsque les dirigeants n'ont pas de vision.

Diriger, c'est prévoir...

Une population en otage

Après avoir lu quelques articles de la presse étrangère, nous demeurons convaincus qu'Haïti est vraiment pris entre l'Enclume et le Marteau.

Certains disent, en parlant d'Haïti, que le Président Martelly refuserait de quitter le pouvoir, comme prévu le 7 février prochain.

D'autres disent que les négociations sont en cours pour l'annulation des élections présidentielles sans proposer un calendrier électoral. Car le peuple a voté. Même s'il y a eu des imperfections, ces élections ont lieu et on ne peut prétendre autrement.

Quelques notes de presse en Haïti, laissent à désirer, parce qu'elles ont des tendances partisanes. On doit se demander pourquoi ?

En réalité, l'opposition au régime n'est pas aussi puissante qu'elle paraît. Ce sont des vieux routiers de la plume et de l'ancien monde diplomatique qui passent à l'action pour diaboliser les autres ; essayant de changer l'opinion publique en leur faveur. Malgré les actes malhonnêtes perpétrés, c'est ce camp qui crie, au voleur, à l'assassin, au meurtrier !

Pendant ce temps, il y a un camp toujours en otage dans ce pays. Ceux qui veulent aller à l'école, qui étudient pour se procurer un lendemain meilleur. Même si ce lendemain est en doute aujourd'hui.

Ces otages sont des familles paisibles qui mènent leurs enfants à l'école en traversant des barricades de pneus enflammés. Qui parlera pour eux ?

En Haïti, il n'y aura jamais de consensus ; cela n'a jamais existé par le passé. Notre histoire nationale est teintée d'évènements douloureux, de trahisons, d'assassinats, et de coupe-gorges.

Si vrai que tout le monde parle de Dessalines, mais ne questionne jamais pourquoi on l'a assassiné, disséqué, pourquoi on a laissé son corps comme ça, pendant des jours, sans procéder à son inhumation...

Soyons Unis

La situation actuelle a demandé une sorte de dépassement de soi. Eh, bien, pas besoin de l'ingérence dans les affaires internes du pays. Les chefs ont paraphé un accord de sortie de crise.

Pour ceux qui, dans leurs discours de circonstance, demandent l'union entre les Haïtiens, nous dirons qu'ils connaissent très peu notre peuple.

Comment voulez-vous que les Haïtiens soient unis, lorsque les plus audacieux, les plus méchants, les plus malveillants, les trompent à longueur de journée.

Comment voulez-vous qu'il y ait symbiose alors qu'il existe toujours une faction qui, depuis belle lurette, se décide de voler, saccager, assassiner et brûler les biens d'autrui.

Le saviez-vous ?

Que la racine de cette haine se trouve dans la composition même de notre société et de son héritage colonial ? Le maitre ne châtiait pas toujours lui-même son esclave, oh non, c'était une tâche indigne de lui. Lui, il s'amusait à écrire et à discuter ses affaires, à parler et donner son point de vue sur cette race assujettie, et avilie dans les journaux de son temps.

Aux temps des colonies, ces gens n'imaginaient point dans plus de deux cents ans, les descendants de ces personnes auraient assez d'intelligence pour démentir toutes ces fausses assertions.

Dans ces temps reculés, le maitre avait toujours fait le choix d'un de ses serviteurs les plus fidèles pour semer la terreur parmi ses esclaves.

Si vous avez le temps, lisez le calepin de Thomas Thistlewood pour mieux vous éclairer. Nous ne sommes pas psychologues, mais il doit y avoir une relation entre ces mauvais traitements, l'insouciance, et la déconnexion avec la réalité qui existe parmi les peuples noirs dans le monde.

Dites-nous si c'est naturel qu'un homme soit assassiné en plein jour tout simplement parce qu'il s'habillait d'une façon qui rappelle l'ancienne Armée d'Haïti ?

Partout les noirs s'entretuent et se maltraitent sans que personne ne dise: Halte-là! En Afrique et ailleurs, ils utilisent les enfants soldats pour mieux s'exterminer l'un et l'autre. Nous avions lu le testament du jeune Sanon en Haïti qui nous a raconté son recrutement par un Sénateur peu scrupuleux, un de nos malfaiteurs, à notre avis. En passant, aucune poursuite en justice a été faite. On se demande où se trouve ce Sénateur aujourd'hui ?

Est-ce normal qu'un citoyen Sénateur, dont le salaire est payé par l'Etat Haïtien, puisse inciter le peuple à la violence, à l'incendie et au crime sans qu'il soit traduit en justice, et sans objection des Sénateurs titulaires ?

Cette démangeaison ou dérèglement se reproduit dans les familles aussi. Et là, n'en parlons plus.

C'est une affaire qui représente un microcosme de la situation actuelle où de l'état de choses dans notre société.

Soyons Unis ? Assassins, kidnappeurs, voleurs de biens d'autrui, casseurs, grand-mangeurs, n'oublions pas les zokikis, les pédophiles et les lyncheurs de personnes en plein jour.

Soyons UNIS !

Pays de Contraste

Etant donné que nous sommes de plein fouet dans une nouvelle crise, l'homme averti doit se poser quelques questions pertinentes.

En tout premier lieu, il nous faut remercier la Presse Haïtienne qui a fait un grand travail, celui de couvrir les évènements, sans cette Presse libre, nous n'aurions pas eu l'opportunité de produire ce qui suit :

Comme vous le savez, les manifestations ont pris une ampleur plus ou moins sérieuse. Les candidats de l'extrême gauche ont donné le coup d'envoi, disant que le peuple revendiquera ses droits. Et, maintenant, nous sommes-là !

Un chef de la manif a déclaré que "nous avons assez de battre les mains, il nous faut une révolution sociale." Un autre dit, carrément, que "nous allons renverser le gouvernement, et exiger le départ du président Martelly et Evans Paul." Tout cela se déroule sous la lentille des caméras.

Cette partie du peuple revendiquera plutôt son droit à la misère et au sous-développement. Parce qu'elle sera la première victime de l'instabilité.

Les anarchistes cassent, brulent, volent tout sur leur passage. Une école de la ville de Léogane a été incendiée, des biens privés sont attaqués.

L'effervescence d'une partie de la population, celle qui n'a pas voté dans les élections, a pris une ampleur telle qu'on doit se demander combien d'entr'eux possèdent une carte électorale ?

D'un autre côté, il y a ces haïtiens paisibles qui contribuent dans l'économie et payent avec promptitude, leurs impôts, qui vont à l'école et à la messe. Ce sont eux les otages. Ils sont aussi nombreux que ceux de la rue. C'est une majorité silencieuse qui s'est laissée faire encore et encore. C'est cette majorité écrasante qui a voté pour qu'il y ait des élections et pour que le pouvoir politique passe d'un élu à un autre.

En Haïti, on n'arrête pas les gens pour avoir conspiré d'utilisation de force, d'intimidation ou de menaces contre l'Etat et les Forces de l'ordre. Tout cela doit y avoir un effet quand même, à long terme, sur la santé psychologique et morale.

Le caméraman mérite un prix Pulitzer pour cette photo de la petite fille et sa maman qui l'emmène à l'école, à pied. Portrait symbolique de nombreuses familles, otages de ce pays. La majorité souffrante et silencieuse.

Cette majorité n'ira point incendier les biens d'autrui, n'ont aucun intérêt dans le vol, le rapt et les incendies. Haïti, pays de contraste.

Droits à la Misère et au Sous-Développement

Dans un pays où la majorité du peuple ne sait pas lire, ni écrire, on doit s'habituer à ces éternels laps de discernement ou de jugement.

Dans un pays dont la plus grande partie de la population sont des chômeurs et ne contribuent pas positivement dans l'économie, c'est tout à fait normal que l'instabilité y règne. Parce que les gens n'ont pas accès à l'appareillage ou l'outillage, nécessaire pour devenir bons citoyens.

Dans un pays où les chefs tirent les ficelles de cette masse ignorante et aveugle, il est tout à fait normal que les gens cassent, brulent, presqu'à chaque période électorale. Parce que pour eux, saccager, bruler leur rapporte beaucoup plus en un jour de ce qu'ils auraient gagné dans le chômage.

Zéro barré !

Martelly n'est pas le vrai problème. Le système basé sur le paternalisme et le parrainage est la seule cause de tous nos déboires. Une famille divisée dès le début, c'est ce que nous sommes. Certains ne comprendront jamais que l'instabilité et les crises ont un rapport direct sur l'économie. Et, les premiers à souffrir sont eux-mêmes, les plus vulnérables qui cassent, brulent, volent...

Ces gens n'ont pas créé ce système, nous pensons qu'après le séisme du 12 janvier 2010, et l'avènement d'une nouvelle équipe au pouvoir, des réformes permettraient l'émergence d'une nouvelle société. Une sorte de régénération nationale...

Si hier nous rêvons d'une Haïti régénérée, aujourd'hui, nous sommes convaincus, par les évènements en cours, que ce pays a définitivement choisi son droit à la misère et au sous-développement.

La Comédie Haïtienne

Si vous aviez eu le temps de lire notre article intitulé, Mauvais Joueurs de tout Acabit, publié il y a quatre ans, le 7 janvier 2012, vous vous rendrez compte de ce qui se passe en Haïti.

Richard Brisson disait dans son sketch, "nous ne leur pardonnerons pas, parce qu'ils savent ce qu'ils font".

Périssent les peuples, là où les leaders n'ont pas de vision. Haïti, telle qu'elle est, n'échappera point de ce principe. Et, notre comédie persiste.

Les mauvais joueurs de tout acabit, jouent un jeu radicalement dangereux. Ils ont toujours joué et misé tout pour eux-mêmes, rien pour les autres. Ils ne respectent point les règles du jeu comme ils ne respecteront jamais le verdict du peuple.

Comme ce kidnappeur en qui l'on a fait confiance, qui a pleuré lors de l'inhumation de la victime.

Comme cette femme qui coupa le doigt d'un enfant domestique pour avoir pris du beurre d'arachide sans sa permission. Elle disait qu'elle aimait cet enfant comme son propre fils.

Comme ce candidat corrompu qui a été sur les ondes pour dénoncer la corruption dont il est tombé victime. Notons que jusqu'à ce jour, aucune décision punitive a été prise dans cette affaire. Lui aussi, il a pleuré et mérite un Oscar de Hollywood pour sa performance dans La Comédie Haïtienne.

Oui, messieurs, dans cette comédie, ce sont les ignorants qui donnent des leçons aux hommes de lettres.

Dans cette comédie, ce sont les illettrés qui prononcent des discours un peu partout.

Messieurs, dans cette comédie, l'intellectuel démuni se prostitue pour gagner son pain. Car c'est lui qui écrit les discours du Sénateur x, du Député y ou du Président ignorant z. C'est lui qui écrit les lettres amoureuses de sa sœur qui n'a pas terminé ses études. Oui, c'est encore lui qui vend son service au plus offrant dans la Comédie Haïtienne.

Attendez, cela va plus loin, dans cette comédie, un Premier Ministre peut aussi être Ministre du Plan, cumulant ainsi deux chèques sans que personne ne s'y oppose.

Du grand comme au petit fonctionnaire, c'est la même situation qui se répète.

Les anciens et nouveaux tortionnaires circulent librement et dansent sur la tombe de leurs victimes, parce qu'ils se croient plus forts que les institutions et les lois, dans la Comédie Haïtienne

Enfin, dans cette Comédie Haïtienne, du Chef d'Etat aux Chefs des Forces Armées d'Haïti, avant de quitter leurs fonctions, font main basse sur les banques pour faire la collecte de dollars Américains avec un sang-froid inouï, et partent pour l'exil sans qu'ils soient poursuivis en justice.

Où sont passés les rapports de fin d'Année ?

Quels sont les accomplissements majeurs ? Comment a été la performance de l'économie en Haïti ? L'heure est venue de faire le bilan.

Avec tout ce brouhaha, n'espérons pas grand-chose dans l'économie. Combien de travail en plein temps a été créé au cours de l'année 2015 ? Quelles seraient les projections pour l'année prochaine ?

Notre désappointement, bien évidemment doit être les pertes dans le commerce, causées par le sabotage et l'insécurité qui ne cessent d'être omniprésents dans la vie nationale.

Accomplissements. Mieux vaut laisser parler les faits.

A priori, il nous faut acquiescer qu'il y eut des progrès énormes dans quatre domaines.

Les Elections. On a beau fait pour l'empêcher, mais les élections eurent lieu, organisées par les Haïtiens eux-mêmes et sans violence politique.

Infrastructures.
Le Viaduc de Delmas et le réaménagement de l'aéroport du Cap Haïtien.

Le Tourisme.

Nous avions fait des pas de géant dans ce domaine. Cinq ans plus tôt, Haïti ne possédait pas une stratégie pour le développement du tourisme.

Souveraineté.

Le premier pas dans ce sens a été implémenté avec la réactivation du ministère de la Défense.

Désappointement.

Rien de surprenant, le désordre dans les rues de Port-au-Prince a donné un coup sévère à l'économie déjà moribonde vers la fin du dernier trimestre de l'année 2015. Nous attendons avec impatience les données officielles de l'administration Martelly sur le sujet.

Haïti et les Fauteurs de Troubles

Nous savons bien qu'en Haïti la paix est éphémère. On a qu'à suivre le cours des nouvelles en provenance d'Haïti, pour dire que les mauvaises habitudes du sabotage sont dans l'ADN de nos fauteurs de troubles. C'est comme une maladie incurable !

Si la loi électorale interdit qu'on fasse des projections avant que le CEP ait le temps de se prononcer sur les procès-verbaux, certains candidats n'entendent pas se conformer aux règles bien établies par le CEP.

On doit remarquer aussi, l'audace que certains candidats ont eue, soit pour protester qu'il y eut des fraudes, soit pour déclarer prématurément leur victoire aux urnes. Audace qui laisse à désirer.

On se demande s'il n'existe pas un procédé bien établi pour soumettre ces doléances? Pourquoi ces hommes intelligents choisissent-ils de peindre une silhouette de coquins sur tous les officiels qui ont le contrôle des mandats et par surcroit, sur le pouvoir en place?

Oui, mais, en Haïti, nous avons affaire à ceux qui veulent toujours exciter les mauvaises ambitions et les anciennes passions... Ce désir incessant de tout mettre à feu et à sang, pour mobiliser, voire écraser l'adversaire, est dans l'ADN de nos perpétuels anarchistes !

Ce que nous voulions, c'est de voir les Haïtiens voter leur conscience. Malheureusement qu'il y a toujours une majorité maintenue dans un état d'oisiveté et d'avilissement qu'elle peut compromettre ses propres intérêts pour quelques gourdes seulement aux temps des élections.

Les mafieux ont infiltré toutes les branches de l'arbre de notre société. Tellement, que les élections sont devenues une sorte de vente aux enchères.

Connaissant cet état de choses, quels sont les candidats qui accepteront leur défaite avec dignité et sans entrainer ses partisans à la violence ?

Cette Histoire de Corruption !

Nous-mêmes qui luttons contre ce fléau qui a enfoncé ses tentacules de haut en bas dans notre société, nous devons remarquer pourtant qu'il est cousu dans nos mœurs et dans nos habitudes.

Pour enrayer le mal, ce n'est pas au corrompu seulement qu'il fallait s'en prendre. Il faut que le corrupteur cesse de chercher les raccourcis pour résoudre ses problèmes.

Dans l'administration publique, c'est une lutte continue. Des gens évitent de faire la queue, payent le petit fonctionnaire, des sommes d'argent, sans même se présenter au guichet. Et, voilà comment on fonctionne.

Des clients fantômes !

Nous avions eu le plaisir de lire l'ancien ministre de la jeunesse et des sports, après son renvoi, dire qu'il existe des personnes qui ne se présentent au bureau qu'au moment de la distribution des chèques.

Donc, nous les contribuables, nous payons des gens qui ne font rien comme travail. Vous trouvez cela normal ?

Des employés fantômes !

Enfin, Haïti est peut-être le premier pays de l'univers à ne jamais demander des comptes aux citoyens dont on ne connait pas la profession, et qui n'occupent aucune fonction rentable, des chômeurs, mais qui possèdent des biens. On doit se demander pourquoi ?

Assassinat de l'Inspecteur Baggar St-Cyr

La Date : Mercredi 20 juillet 2016.

Baggar St-Cyr, inspecteur de police est assassiné par un contingent d'individus circulant à moto.

Crédit : Un grand merci au journal haïtien, Le Nouvelliste pour avoir obtenu et affiché la vidéo sur Internet.

Le moins que l'on puisse dire, c'est que l'attaque a été très sophistiquée. À première vue, donc l'œil innocent, manque toujours les petits détails. Comment ont été les choses avant l'attaque ? Eh bien, analysons la vidéo.

3 heures 7 minutes 13 secondes.

Un homme, la tête chauve, se tenant debout, les bras croisés, un véhicule de couleur blanche est stationné en double dans la rue. Les passants vont et viennent, un camion de transport de couleur blanche se situe immobile à gauche. Un véhicule de marque pickup, couleur blanche, double cabine ; est parqué à moitié sur le trottoir et dans la rue.

Double parking ou mauvais stationnement cela veut dire la même chose, parce qu'on a pas l'habitude d'appeler la Police pour ces genres de choses. Obstruction de la voie publique en Haiti n'est pas un crime.

3 heures 7 minutes 27 secondes.

L'individu est toujours en position. Trois autres véhicules roulent sur la voie publique. Tous les trois sont apparemment des véhicules de transport.

En ce moment, nous observons ce qui se passe du côté droite de la rue. Mais l'individu a les yeux fixé sur le véhicule blanc. Il semble attendre quelque chose, un mot d'ordre, à partir du véhicule blanc.

3 heures 7 minutes 33 secondes.

L'individu, maintenant est en mouvement, il lève son bras gauche en l'air. Le signal du commencement de l'opération est ainsi donné.

Le véhicule blanc est toujours stationné. Cet homme tiendra la main en l'air dans un laps de temps. (au moins 3 secondes) pour pointer vers le bâtiment situé à droite avec l'autre main.

3 heures 8 minutes 3 secondes plus tard l'individu se dirige de nouveau, vers la voiture blanche, dont l'occupant parait être le cerveau de l'opération.

De 3 heures 8 minutes 5 secondes à 3 heures 8 minutes 10 secondes, l'individu, le véhicule blanc communiquent. Et la victime est maintenant en vue. (au fond de la photo)

Deux secondes plus tard, l'individu quitte sa position près du véhicule blanc, l'inspecteur Baggar St-Cyr est en toujours en vue. L'individu marche à quelques pas devant le véhicule blanc, qui est toujours stationné. L'heure précise du moment, 3 heures, 8 minutes, 12 secondes.

Le véhicule blanc qui était stationné dès le début démarre à 3 heures 8 minutes 15 secondes. La victime est pleinement en vue et marchant du même côté de la rue que l'individu et le véhicule blanc.

Deux secondes plus tard, tout le monde est visiblement en mouvement, voiture blanche, et l'individu. L'inspecteur commence à traverser la rue en ce moment.

Une seconde plus tard, l'individu lève son bras droit. Le véhicule blanc s'avance à proximité de la victime. Maintenant les motards sont en vue.

En bas, le troisième passager de la moto, pointe son arme, tire, et apparition d'une voiture de la PNH au même instant. 3h 8m 22s.

A 3 heures 8 minutes 23 secondes, l'inspecteur Baggar trébuche et les deux motocyclettes s'enfuient des deux côtés de la camionnette jaune. Le tueur et ses complices sur la moto à droite, les autres sur la moto à gauche. Tout cela se passait dans une seconde après le tir.

L'inspecteur Baggard succombe. La voiture de police se trouvant sur les lieux au moment même de l'assassinat, commence à ralentir.

En somme, c'était une attaque bien planifiée. La vidéo peut-être analysée par d'autres spécialistes en forensique digitale pour produire un rapport encore mieux détaillé que le mien. Ce qui pourrait aider la PNH dans son enquête.

Car, en fin de compte il faut que le grand public apporte sa contribution pour que ces choses cessent de se répéter.

3 heures 8 minutes 25 secondes, voiture de la PNH s'arrête sur les lieux du crime avec un détenu assis à l'extérieur, tandis que l'autre Motocyclette s'enfuit avec ses deux passagers entre le véhicule de la PNH et l'autobus jaune. Mais l'un des chefs de l'assassinat que nous suivons des le début, reste cloué sur place près du pickup de couleur blanche, parqué à moitié sur le trottoir et dans la rue.

3 heures huit minutes 27 secondes. L'autre motocyclette s'échappe et l'individu qui a dirigé l'opération n'essaye pas de se déplacer en presence de la PNH. Le corps de l'inspecteur Baggar git sur le pavé

3 heures 8 minutes 28 secondes, soit 4 secondes après le tir.
Les policiers de la PNH sont toujours dans leur voiture. L'un des
chefs de l'assassinat ne bouge pas, les policiers non plus.

3 heures 8 minutes 29 secondes. L'individu s'accroupit soudainement et reste dans cette position pendant une seconde.

La voiture de police s'arrête. Un détenu qui était assis tout seul sur la banquettette arrière est en train de s'évader. Et l'un des principaux chefs de l'assassinat est presque debout maintenant. 3 heures 8 minutes 30 secondes, soit 7 secondes après le tir. Le policier-chauffeur sort le premier. Et le détenu va sauter pour s'évader. L'un des chefs de l'assassinat est toujours en vue.

3 heures 8 minutes 31 secondes. Une autre porte de la voiture de la PNH s'ouvre. Le détenu saute et s'évade, et l'un des assassins qui était présent dès le début de la vidéo est toujours en vue.

C'est bien malheureux que je n'ai pas tous mes outils avec moi en ce moment. Mais, le rapport n'est pas tout à fait hors d'usage.

Vous venez de voir le moyen de fonctionnement d'un réseau de malfaiteurs en Haïti. Ce jour n'a pas été l'un des meilleurs moments de la PNH, car 7 bandits présumés leur échappent du même coup.

Aidons la PNH à appréhender ces malfrats pour les mettre hors d'état de nuire à la population.

Dura Veritas, Sed Veritas.

Mark Antoine, aux Funérailles de César

Amis, Romains, compatriotes, prêtez-moi vos oreilles;
Je viens ici pour l'inhumation de César, pas pour le louer.

Le mal que font les hommes vit après eux;
Le bien est souvent enterré avec leurs ossements:
Donc, laissons tout cela à César.

Le noble Brutus dit que César était ambitieux:
Si c'était le cas, ce fut une faute grave;
Et César a répondu grièvement.
Ici, en l'absence de Brutus et le reste,
Car Brutus est un homme honorable;
Ainsi sont-ils tous, des hommes honorables,

Je prends la parole aux funérailles de César.
Il était mon ami, fidèle et juste:
Mais Brutus dit qu'il était ambitieux;
Et Brutus est un homme honorable.

Il a apporté de nombreux captifs à Rome,
Dont les rançons emplissent le Trésor public:
Cela parait-il ambitieux?

Lorsque que les pauvres pleurent, César a pleuré:
Le manteau d'une mauvaise ambition la plus sévère:
Pourtant Brutus affirme qu'il était ambitieux;
Et Brutus est un homme honorable.
Vous tous qui avez vu sur la Lupercale

Je lui ai présenté en trois occasions une couronne
royale, dont il a refusé trois fois:
était-ce par ambition?

Pourtant Brutus déclare qu'il était ambitieux;
Et, assurément, Brutus est un homme honorable.

Je prends la parole, non pas pour réfuter ce que Brutus
a dit, mais je suis ici pour parler de ce que je sache.
Vous tous qui l'aviez aimé une fois, - non sans raison:
Quelle cause vous retient encore à pleurer pour lui?

O jugement, tu as fui vers les bêtes brutales,
Et les hommes ont perdu la raison - Reste avec moi;
Mon cœur est inhumé avec César, et je dois faire silence
jusqu'à ce qu'il me revienne.

Hier encore, la parole de César aurait pu prévaloir
contre l'univers: maintenant le voilà gisant, et il
n'est pas un misérable qui daigne lui faire honneur!

0 mes maîtres! si j'étais disposé à exciter vos cœurs
et vos esprits à la révolte et à la fureur, je ferais
tort à Brutus et tort à Cassius, qui, vous le savez
tous, sont des hommes honorables.

Je ne veux pas leur faire tort; j'aime mieux faire
tort au mort, faire tort à vous-mêmes et à moi, que
de faire tort à des hommes si honorables.

Mais, voici un parchemin avec le sceau de César:
je l'ai trouvé dans son cabinet; ce sont ses dernières
volontés.

Si seulement le peuple entendait ce testament
(pardon! je n'ai pas l'intention de le lire), tous
accourraient pour baiser les plaies de César mort,
pour tremper leurs mouchoirs dans son sang sacré,
pour implorer même, en souvenir de lui,

un de ses cheveux qu'ils mentionneraient en mourant
dans leurs testaments et transmettraient,
comme un précieux legs, à leur postérité! (...)

Traduit de l'Anglais par Weiner Marthone

Aimé Césaire

Continuant la course pour maintenir un niveau plus ou moins acceptable d'honnêteté avec moi-même et avec le public, je me suis proposé d'introduire ici un auteur Antillais de renommée Internationale. Il s'agit du poète Aimé Césaire.

Comment l'auteur m'est venu à l'esprit?

Eh bien, je me souvenais d'un temps où l'on parlait souvent de la négritude en Haiti. Je me suis aussi souvenu qu'à un moment donné l'Empereur Hailé Sélasié avait visité Haiti. Je faisais une sorte d'introspection de mon enfance dans ces temps-là. À chaque instant, les auteurs qui ne cessent de paraitre dans mes souvenirs, sont toujours les mêmes, Aimé Césaire, Léopold Sedar Senghor, Jean Price-Mars et Jacques Roumain.

Parmi ces quatre, l'écolier Haitien de cette époque avait l'embarras du choix.

Sur les ondes de Radio Haiti-Inter, nous suivions de près ce qui se passait en dehors d'Haiti. Aimé Césaire avait visité Haiti, et a été au micro de Jean Léopold Dominique. Auditeurs affamés, on se régalait.

Je n'aimerais pas que cette nouvelle génération ne reconnaise pas ces grandes figures qui représentait, avec une grande dose de dignité, tout un peuple, et toute une race d'hommes et femmes.

On ne peut ni ne doit oublier ces moments de victoire de la pensée et le succès sur tous les points de vues possibles et imaginables qu'ont eus ces grandes figures historiques de nos droits…

Après avoir été passé tout ce temps Aux Etats-Unis (37 ans), j'ai failli oublier ces devanciers. C'est en guise de reconnaissance à ces grands hommes de la litérature que je reproduis ici quelques paragraphes d'un document inportant, Le Discours sur le Colonialisme, d'Aimé Césaire. Je recommande aussi une lecture de deux autres documents historiques, Le Cahier d'un Retour au Pays Natal et une pièce de Théatre intitulée Une Saison au Congo.

"Une civilisation qui s'avère incapable de résoudre les problèmes que suscite son fonctionnement est une civilisation décadente.

"Une civilisation qui choisit de fermer les yeux à ses problèmes les plus cruciaux est une civilisation atteinte.

"Une civilisation qui ruse avec ses principes est une civilization moribonde.

"Le fait est que la civilisation dite «européenne>, la civilization «occidentale», telle que l'ont façonnée deux siècles de régime bourgeois, est incapable de résoudre les deux problèmes majeurs auxquels son existence a donné naissance : le problème du prolétariat et le problème colonial ; que, déférée à la barre de la « raison » comme à la barre de la « conscience », cette Europe-là est impuistante à se justifier ; et que, de plus en plus, elle se réfugie dans une hypocrisie d'autant plus odieuse qu'elle a de moins en moins chance de tromper.

147

"L'Europe est indéfendable.

"Il parait que c'est la constatation que se confient tout bas les
stratèges américains.

"En soi cela n'est pas grave.

Le grave est que « l'Europe » est moralement, spirituellement
indéfendable. Et aujourd'hui il se trouve que ce ne sont pas
seulement les masses européennes qui incriminent, mais que l'acte
d'accusation est proféré sur le plan mondial par des dizaines et des
dizaines de millions d'hommes qui, du fond de l'esclavage,
s'érigent en juges.

"On peut tuer en Indochine, torturer à Madagascar,
emprisonner en Afrique Noire, sévir aux Antilles. Les colonisés
savent désormais qu'ils ont sur les colonialistes un avantage. Ils
savent que leurs « maîtres » provisoires mentent.

"Donc que leurs maîtres sont faibles.

Et puisque aujourd'hui il m'est demandé de parler de la
colonization et de la civilisation, allons droit au mensonge
principal à partir duquel prolifèrent tous les autres.

"Colonisation et civilisation ?

La malédiction la plus commune en cette matière est d'être la
dupe de bonne foi d'une hypocrisie collective, habile à mal poser
les problems pour mieux légitimer les odieuse solutions qu'on leur
apporte.

"Cela revient à dire que l'essentiel est ici de voir clair, de penser clair, entendre dangereusement, de répondre clair à l'innocente question initiale : qu'est-ce en son principe que la colonisation ? De convenir de ce qu'elle n'est point ; ni évangélisation, ni entreprise philanthropique, ni volonté de reculer les frontières de l'ignorance, de la maladie, de la tyrannie, ni élargissement de Dieu, ni extension du Droit, d'admettre une fois pour toutes, sans volonté de broncher aux conséquences, que le geste décisif est ici de l'aventurier et du pirate, de l'épicier en grand et de l'armateur, du chercheur d'or et du marchand, de l'appétit et de la force, avec, derrière, l'ombre portée, maléfique, d'une forme de civilisation qui, à un moment de son histoire, se constate obligée, de façon interne, d'étendre à l'échelle mondiale la concurrence de ses économies antagonistes.

"Poursuivant mon analyse, je trouve que l'hypocrisie est de date récente ; que ni Cortez découvrant Mexico du haut du grand téocalli, ni Pizarre devant Cuzco (encore moins Marco Polo devant Cambaluc), ne protestent d'être les fourriers d'un ordre supérieur ; qu'ils tuent ; qu'ils pillent ; qu'ils ont des casques, des lances, des cupidités ; que les baveurs sont venus plus tard ; que le grand responsable dans ce domaine est le pédantisme chrétien, pour avoir posé les équations malhonnêtes :

Christianisme = civilisation ; paganisme sauvagerie, d'où ne pouvaient que s'ensuivre d'abominables conséquences colonialistes et racistes, don't les victimes devaient être les Indiens, les Jaunes, les Nègres.

"Cela réglé, j'admets que mettre les civilisations différentes en contact les unes avec les autres est bien ; que marier des mondes différents est excellent ; qu'une civilisation, quel que soit son génie intime, à se replier sur elle-même, s'étiole ; que l'échange est ici l'oxygène, et que la grande chance de l'Europe est d'avoir été un carrefour, et que, d'avoir été le lieu géométrique de toutes les idées, le réceptacle de toutes les philosophies, le lieu d'accueil de tous les sentiments en a fait le meilleur redistributeur d'énergie.

"Mais alors, je pose la question suivante : la colonisation a-t-elle vraiment mis en contact ? ou, si l'on préfère, de toutes les manières d'établir le contact, était-elle la meilleure ?

"Je réponds non.
Et Je dis que de la colonisation à la civilisation, la distance est infinie ; que, de toutes les expéditions coloniales accumulées, de tous les statuts coloniaux élaborés, de toutes les circulaires ministérielles expédiées, on ne saurait réussir une seule valeur humaine.

"Il faudrait d'abord étudier comment la colonisation travaille à déciviliser le colonisateur, à l'abrutir au sens propre du mot, à le dégrader, à le réveiller aux instincts enfouis, à la convoitise, à la violence, à la haine raciale, au relativisme moral, et montrer que, chaque fois qu'il y a au Vietnam une tête coupée et un oeil crevé et qu'en France on accepte, une fillette violée et qu'en France on accepte, un Malgache supplicié et qu'en France on accepte, il y a un acquis de la civilisation qui pèse de son poids mort, une régression universelle qui s'opère, une gangrène qui s'installe, un foyer d'infection qui s'étend et qu'au bout de tous ces traités violés, de tous ces mensonges propagés, de toutes ces expéditions punitives tolérées, de tous ces prisonniers ficelés et « interrogés », de tous ces patriotes torturés, au bout de cet orgueil racial encouragé, de cette jactance étalée, il y a le poison instillé dans les veines de l'Europe, et le progrès lent, mais sûr, de l'ensauvagement du continent."

Aimé Césaire dans, Discours sur le Colonialisme.

Il était une fois UNE RADIO

17 Ans plus tard

Jean Dominique

3 Avril 2000 - 3 Avril 2017. Dix sept-ans plus tard, qu'en est-il ar-rivé du dossier sur l'assassinat de Jean Claude Louissaint et de Jean Dominique ?

Aurions-nous l'opportunité de voir la conclusion du drame ?

Veritas presents, Jean Léopold Dominique et les mots qu'il a pro-noncés. Une transcription de Weiner Marthone.

Haiti Inter !

Bonjou !

Nou Balanse n pa Tonbe
Radio Haiti

Fó nou kenbe la
Radio Haiti

Nou Balanse n pa Tonbe
Radio Haiti

Haiti Inter, Haiti Inter
Haiti Inter...

On a tout essayé.

Nous clignoter,

Nous enfoncer,

Nous électrocuter,

Nous noyer,

Nous siphoner,

Ha, ha, ha, ha, ha !

Il y a plus de cinquante ans que cela dure, et il n'y a pas de raisons que cela cesse ?

On peut encore essayer de nous écraser, de nous mitrailler, de nous circonvenir, de nous calomnier, de nous acculer, de nous séduire, de nous affuter, de nous, de nous vider, de nous déformer...

Ha, ha, ha !

Il y a plus de 50 ans que cela dure. Y-a-t'il une raison que cela cesse ?

Oui, une !

Il faut que les choses changent en Haiti. Pour la liberté de la Presse, Radio-Haiti au service du peuple Haitien.

AM 1330, FM 106.

Never forget that. You are Haitian! You are from this land. You are not French. You are not British. You are not American. You are Haitian !

Hier matin, lorsqu'une quarante énergumènes, bloquaient pendant quatre heures, le boulevard de Delmas, devant notre immeuble. Hur-lements, vociférations, pierres lancées contre notre façade. Nos grilles, violemment seccouées.

Ici à Radio Haiti, durant toute cette campagne de diffamation, nous avons gardé la tête froide.

Notre silence et notre tenue, avait agacé Danny Toussaint et peut-être ses patrons.

L'erreur de Danny Toussaint, pensant qu'un petit caponage, de quelques chimères JPP pourraient lui permettre d'avoir accès à nos micros. Tuip... Ah, s'il persiste dans ses tentatives de vouloir mettre quelques hurleurs devant Radio Haiti, pour barrer le boulevard de Delmas, il se cassera les dents.

Les micros de Radio Haiti lui resteront fermés. Mais, je sais qu'il a des armes. Je sais qu'il a la fortune qu'il faut pour payer et armer des sbires.

Ici, je n'ai d'autres armes, que mon métier de journaliste, mon mi-cro et ma foi inébranlable de militant pour le changement. Le vrai changement.

Si Danny Toussaint tente alors autre chose contre moi ou contre ma radio, et si j'ai la vie sauve. Je fermerai le poste, après avoir dé-noncé une fois de plus ses manoeuvres et je prendrai, une nouvelle fois l'exil avec ma femme et mes enfants.

Je termine avec Shakespeare. La vérité fait toujours rougir la face du diable.

WM - Je venais d'ecrire plus haut que Jeando a dénoncé ses ag-gresseurs. Quelles preuves de plus, aurions-nous besoin pour qu'il y ait justice dans cette affaire ?

Où en sont les procédures, où sont les prisonniers de ce crime odieux ? C'est l'une des multiples raisons que de gens comme moi continuent de fuir cette terre que nous aimons, hélas comme cette femme qu'on préfere abandonner, plutôt que de lui causer de la peine. Nous sommes nombreux dans la diaspora à dire, Haiti, je t'aime, mais je t'admire à distance. Justement pour cette histoire de justice se-lective et lente, les opportunités pour quelques-uns, ont fait de nous des etrangers dans notre pays d'origine.

Le père Jean-Marie Vincent eut à dire, qu'il ne connaisse pas de peuples qui aiment vivre des les fers jusqu'à la fin.

Radio Haïti-Inter a été la première station de radio diffusion indépendante en Haïti. La station a été reconnue, notamment pour son utilisation de la langue créole, langue parlée par la majorité des Haïtiens, alors que dans les autres stations, la radio diffusion se faisait entièrement en Français.

Radio Haïti-Inter a été reconnue aussi pour sa diffusion de nouvelles locales et Internationales.

Dès sa fondation, les programmes de Radio Haïti sont diffusés sur les bandes AM et FM et la station a changé de nom au moins une fois, celui de RADIO HAITI-INTER. Jean Léopold Dominique qui commença à travailler à la station comme journaliste, l'achètera en 1968.

La station a été la cible des agents de la répression de l'époque, c'est-à-dire, la période dictatoriale qui avait commencé avec l'avènement au pouvoir de François Duvalier en 1957.

En 1980 le régime dictatorial de Jean-Claude Duvalier fermera la station et arrêtera quelques-uns de ses journalistes. Ce qui forcera Jean Léopold Dominique de prendre l'exil successivement, au Venezuela et aux Etats-Unis.

Dans l'Agronomist, il nous parle des tracasseries de sa vie de journaliste, de ses emprisonnements et des actes d'agressions sur sa personne durant son interrogatoire avant d'être jeté en prison aux Gonaïves, il nous conte l'histoire d'une descente de soldats de l'Armée d'Haïti sur la station de radio, des tirs nourris et des pierres lancées sur la façade de la station. Tout cela parce qu'il voulait voir une Haïti plus équitable, plus juste, donc moins miséreuse.

La station de radio reprendra ses activités en 1986, après la fuite de Jean-Claude Duvalier. Elle fermera à nouveau ses portes en 1991 après le coup d'état contre le président Jean-Bertrand Aristide pour rouvrir en 1994, après le retour du président Jean-Bertrand Aristide.

Jean-Dominique a été assassiné le 3 avril 2000, après avoir franchi les enceintes de la station. Jean-Claude Louissaint, un employé de la station a été aussi tué lors de l'assassinat. La station reprit sa diffusion pour une durée de 3 ans après la mort de Jean Léopold Dominique, sous la direction de la veuve Michèle Montas. Radio Haïti-Inter émettra pour la dernière fois en 2003, à cause des menaces continues contre la propriétaire Michèle Montas et les autres employés de la station.

Source: Radio Haiti-Inter Archives, SoundCloud.com

Message de Jean Léopold Dominique

Jean Dominique

Au microphone, Jean Leopold Dominique, il dit :

--ici Radio Haiti, ici Radio Haiti, ici Radio Haiti

Mais oui, ce n'est pas un rêve. C'est pour de bon cette fois-ci. Aujourd'hui, lundi, veille du 7 octobre 1986, Radio Haiti.

Pour vous informer et vous distraire. Pour Haiti, tout entière. Radio Haiti.

Après six ans de silence forcé, nous voici à nouveau sur les ondes, aujourd'hui et pour de bon cette fois-ci.

Aujourd'hui, c'est pour nous un grand jour. Un grand jour pour l'équipe de Radio Haiti reconstituée. Un grand jour pour les milliers de cotisans ici en Haiti, là-bas en diaspora qui ont contribué à la grande chaine de solidarité.

Un grand jour pour les dizaines et milliers de fanatiques qui ont toujours gardé au coeur notre présence. Pour tous ceux qui n'ont jamais oublié notre travail. Un grand jour enfin, pour la liberté de parole dans notre pays.

Ce grand jour, célébrons-le très simplement, branché sur le 1330, avec Haiti tout entière.

A tous, je dis bonjour. Laissez-moi-vous communiquer ma joie d'être à nouveau parmi vous. Mon bonheur de reprendre notre travail interrompu le 28 novembre 1980. Notre travail repris aujourd'hui avec toute l'équipe que vous connaissiez.

Philo, Liliane, Jacques Price, Marvel, Sony, Jean Marie et Michèle.

Ayons ce matin une pensée pour ceux qui nous ont laissé en route. Richard, notre poête assassiné. Kesner, Régel que nous ne reverrons pas. Ils ont contribué à créer cet Esprit Radio Haiti. Fait d'indépendance, de professionalisme et aussi d'un grand, d'un généreux humour que nous n'oublierons pas.

Cet Esprit Radio Haiti, renait aujourd'hui avec vous, pour vous, mais aussi grace à vous. Permettez que je vous dise, merci à tous.

En tout premier lieu, merci aux dizaines de milliers de cotisans qui ont donné leur quo de part pour faire renaitre notre poste. Qui sont les maillions de la longue et solide chaine de solidarité ?

Tout d'abord, les pauvres. Ceux qui gagnant quelques dollars par jour, nous offrait ainsi le meilleur d'eux-mêmes. En une journée de Radio de Temps sur Radio Antilles Internationale, merci, Jacques Sampeur. Nous en avons dénombré plus de trente mille. Si la preuve devait être refaite une fois de plus, de la solidité des bases d'édifice de la liberté de la presse en Haiti, ces dizaines de milliers sont un témoignage irréfutable.

Il y a aussi ceux qui mieux pourvu par le sort ont donné davantage. Nos divers comités de solidarité publieront bientôt une liste complète avec le bilan de la campagne. Le public se rendra ainsi compte que de bas en haut de la société, des plus démunis au mieux pourvus, des larges et importants secteurs ont renforcé la chaine de solidarité, ont participé à cette Koumbite de la Renaissance d'Haiti-Inter, ont apporté ainsi leur témoignage sonnant au procès toujours à refaire de la Liberté d'Information et de l'Indépendance de la presse.

Il nous faut dire un merci très spécial à tous ceux qui se sont dépensé sans compter pour organiser cette solidarité.

Les comités de solidarité, ici en mère-patrie, là-bas en diaspora, New York, Montréal, Washington, n'ont pas ménagé le temps, les efforts, pour structurer l'aide à Radio Haiti, donner corps à la générosité de tous nos amis. Recevoir chaque jour, les dons en espèce ou en nature, organiser manifestations diverses. Bals, spectacles, Kermesses. Inspirer et formuler la campagne publicitaire. Que sais-je encore.

Il faut dire ici un merci tout spécial à Michèle Pierre Louis, Ened Tutus, Boris Jean-Baptiste, Nancy Dorsainville, Pradel Pompilus, Emmanuel Ambroise, Paul Dubois, Madame Daniel Lafontant, et aussi Solange Lafontant Préval et aussi René Préval, et là-bas à Thérèse Guilloteau, René Déjean, Père Joseph Darbouze, Max et Charles Manigat, Jean Dupuis, mais aussi au comité de soutient, au comité militant Ebès Bauzile, René Frémont, boss Georges, père Antoine Adrien, William Smarth, Reine Marie du New Jersey et aussi à Yves Flavien à Montréal, aussi à Raymond Laurent et Absalon de la Radio Communautaire de Centre Ville. A Fritz Lonchamp et Judith Boncy à Washington. Comment ne pas vous dire merci à tous. J'espère que les cassettes faisant le va et vient de mère-patrie en diaspora pourront vous communiquer notre messagge de notre gratitude.

Alors, cette campagne publicitaire qui a accompagné la campagne de solidarité, elle me donne l'occasion de dire un merci tout spécial à l'agence PubliGestion, sa dynamique animatrice Eliane Celestin-Bayard, à l'imprimerie Le Natal, à Robert Malval, à mes confrères de la presse, Le Nouvelliste, Le Matin, Haiti Libéré, Haiti Observateur, Haiti Demain, Marcus, Elsie, Pitendre, Jean Robert, à Radio Soleil, à Radio Cacique, Radio Nationale, Radio Caraibes, et bien sur Radio Antilles Internationale, à la Télévision Nationale, à Télé Haiti, n'oublions pas en passant Bob Lemoine et son généreux spot rappelant le 28 novembre, a Moments Créole, l'Heure Haitienne, l'Emission Communautaire de Radio Centre Ville à Montréal, Absalon, Raymond Laurent, tous les confrères de la presse qui ont compris ainsi qu'au delà de la scène et vivifiante compétition professionnelle, la liberté de parole était indivisible. L'indépendance de l'information ne se morcelle pas.

162

C'est bien en effet ce qu'il faut retenir de cette merveilleuse campagne pour redonner un micro à Radio Haiti. Son symbolisme est évident. Le public haitien ici en mère-patrie, là-bas en diaspora, veut affirmer que notre liberté chèrement conquise doit se fonder d'abord sur l'indépendance de l'information.

Ici à Radio Haiti, nous avons payé très cher cette indépendance. Nos auditeurs, nos frères branchés sur le 1330 l'ont bien compris et nous en ont tenu compte. A ce sujet, levons tout de suite un certain malentendu. Publiquement ou en privé, des dizaines, des centaines, des milliers de cotisans ont manifesté leur ferme volonté que leur quo de part soit considéré comme un cadeau, comme un don. Certains l'ont exprimé carrément au micro, vous en souvenez en apportant leur obole, traduisant le sentiment de tant d'autres. Jean, disaient-ils, Radio Haiti, sété seul bagay ki té fè-ou viv. Ou pa ézité pou sakrifyé'l pou pèp-la. Jodia pèp-la ap remet-ou sal té dwéw. Nou Kitt, fin de citation.

Cette phrase, je l'ai entendu des centaines de fois autour de moi. J'ai aussi entendu de moins en moins, souvent, il est vrai, venant de bouches plus pointilleuses, l'argument différent, je cite :
Radio Haiti est une station commerciale, cet argent ne peut-être qu'un prêt. Fin de citation.

A tous, je dirai, j'écoute les bouches pointilleuses. Je m'incline devant les arguments soucieux, et comme je l'ai déjà dit, ces dons ou ces prêts, je les rembourserai, intégralement. Dans une formule que le comité de solidarité vous communiquera bientôt.

Mais déjà je peux vous dire une chose qui touchera au coeur tous ceux qui vont la prendre. Ce comité de solidarité va se constituer très bientôt en Fondation Richard Brisson.

Je me suis longtemps interrogé pour savoir, si ceux qui ont les lèvres pincées formulaient ainsi leurs réserves, ne souhaitaient pas tout simplement que Radio Haiti ne reparaisse jamais ? Mais, il ne faut pas douter des bonnes gens. Il faut de tout pour faire un monde. Il faut de tout pour construire la démocratie que nous désirons. Dans celle que le peuple haitien veut résolument batir, dans la paix, le travail, et la solidarité, il y aura place pour tout le monde, vous le savez. Même pour ceux qui, hier encore, s'étaient constitué en ennemis de la liberté.

Ceux, qu'il s'agira pour tous de convaincre, patiemment, généreusement. Convaincre, rammener, persuader. Il leur faut être aussi parmi ceux qui vivent en liberté. Persuader et non pas éliminer, faire disparaitre. Vous avez compris, frères et soeurs, à l'antenne qui m'écoutez aujourd'hui, en ce jour de renaissance, veille du 7 Octobre, qu'il ne devait y avoir en nos coeurs, ni haine, ni esprit de revanche, ni rancoeur, ni aigreur, mais au contraire, la joie, le bonheur d'être à nouveau ensemble. Le désir généreux de partager avec tous, notre liberté chèrement acquise.

Certes, nous resterons vigilants. L'oeil ouvert, l'oreille tendue, pour éviter les pièges que les ennemis irréductibles, irréconciliables de la liberté pourraient glisser sous nos pas.

En ce qui nous concerne, ces pièges ont un nom, desinformation. Néologisme curieux pour redire une chose vieille comme le monde. Pour redire une chose laide comme le diable lui-même et qui s'appelle tout simplement le mensonge.

Nous sommes placés pour mieux savoir, combien la dictature d'hier a, pendant trente ans, utilisé malicieusement le mensonge comme arme supplémentaire de son pouvoir sanglant. C'est pourquoi, aux heures sombres de la répression, les combattants de la nuit nous murmuraient ce réconfort. Je cite, la vérité est certes révolutionnaire. Mais, ici la vérité doit faire un jour rougir la face du diable. Fin de citation.

Juste quelques mots sur un autre malentendu à présent, c'est celui de notre indépendance. Tout le monde le sait aujourd'hui. Haiti-Inter a voulu toujour maintenir obstinément son indépendance face à la corruption généralisée par la dictature.

Nous avons su aussi résister grace à la première Koumbitt de solidarité, a un autre piège de la dépendance. Celle que crée, selon certains, la publicité commerciale. Dieu merci aujourd'hui, la communauté des hommes d'affaires, gagnée lentement par l'esprit du 7 Février, commence à manifester sa volonté neuve d'une information libre.

Certains cependant me disent malicieusement, faussement inquiets de la contribution des pauvres gens à la reconstruction de Radio Haiti, et je cite : Toi mon cher Jean, toi qui te voulais libre de tout pression, voilà bien une corde à ton cou. Fin de citation.

Pensez-vous ? C'est si mal connaitre la générosité des humbles de notre pays. Certes, Radio Haiti restera comme par le passé, inébranlablement le lieu de passage des voix populaires, les voix de la souffrance, les voix de l'humiliation, les voix de la spoliation, les voix de l'aliénation.

Justement, ne croyez-vous pas, messieurs, le temps venu d'écouter ces voix qui viennent d'en bas. Vous qui désirez une société ouverte, moderne, dynamique ou l'esprit d'entreprise ne connaitra plus les entraves anciennes ?

Les monopoles ahurissants de quelques favoris, les profits scandaleux de courtisans improductifs, exportant sans vergogne l'épargne national, le pillage du budget de l'Etat, bloquant tous travaux d'infrastructures et faisant reposer plus lourdement sur vos épaules les charges sociales ?

La contrebande éhontée pratiqué par un petit groupe, faisant concurrence juste devant votre porte, devant votre commerce, et j'en passe.

Voyez qu'il y a aussi sur votre chemin des obstacles que cette révolution du 7 février peut balayer ?

Une information objective, honnête entre les mains de journalistes professionnels, cherchant inlassablement cette vérité à diffuser pourra aussi aider à construire cette société moderne à laquelle nous rêvons tous.

Pauvres et riches, dépossédés ou nantis. Certes, cette démocratie, certes cette modernisation de notre société. Certes ces changements nécessaires, surviendront au cours d'une profonde et féconde révolution. Elle a commencé, cette révolution et ce sont les pauvres qui ont ouverts la marche. Les plus pauvres, les plus démunis, les paysans sans terre, les chômeurs, les jeunes des faubourgs de province. Les artisans, les ouvriers qui l'an dernier, un 28 novembre, ont déclenché l'offensive finale qui devait culminer le 7 février.

Si nous voulons que notre société s'ouvre au progrès. La justice a la modernité, ne devons-nous pas tous tenté de comprendre cette révolution. De mettre tous, la main à la patte ? An nou kole zepòl.

Pour finir, arrêtons-nous un instant pour un salut spécial, pour un salut fraternel à nos camarades des Gonaives qui ont choisi un 28 novembre l'an dernier pour frapper au coeur la dictature.

Dans notre exil là-bas en diaspora, journalistes, syndicalistes, militants des droits humains expulsés le 28 novembre 1980, nous avons reçu le message de solidarité.

Et notre coeur a frémi de joie et d'esperance. Merci à vous frères et soeurs des Gonaives.

Alors, en attendant, comme je le souhaite, que le 28 novembre 1986, nous fassions la fête tous, autour du 1330. Permettez que je vous prenne par la main, en esprit, bien sur, par la pensée et que je vous guide dans nos nouveaux locaux.

Il y aura d'abord à l'entrée, frappant le regard, le mini théatre, Richard Brisson et puis la discothèque ou l'on se souviendra encore de lui. Et ou nous avons réuni ce qui restait des pillages de nos disques, aux disques que nos amis fidèles nous ont apporté le 4 mars. A l'étage, la salle des journalistes, baptisée comme il se doit, Salle du 28 novembre.

Cinq studios, plus ce tout petit théatre prévu pour nos opérations. Nous n'avaons pas encore décidé. Mais, nous voulons y inscrire les noms de journalistes ayant donné leurs vies.

Les noms de journalistes qu'on ne rappelle pas souvent. Ezékiel Abélard, Marie Thérèse Féval par exemple. Ou encore, quelques-uns des héros moins célébrés de notre combat national. Benoit Batraville, pourquoi pas.

Nous avons un choix, nous avons aussi le temps de choisir, car vous le découvrirez, nos locaux sont encore en chantier et le resteront peut-être quelques semaines.

C'est l'occasion pour moi de saluer au passage, la ruche bourdonnante des maçons des ébénistes, des charpentiers, des décorateurs, des électriciens, des plombiers, des tapissiers, et aussi de dire un merci tout spécial aux ingénieurs, Paul, Philippe, Fito, Jean François, Edgar, Billy, aux boss, boss Raphael, boss Antoine, boss Luc, et de vous dire à vous tous, bienvenu chez nous.

Nouvelle structure qui nous accueille à Delmas. Nous garderons cependant le souvernir de la Rue du Quai. Ainsi un pied à terre, nous l'espérons.

Profitons de cette occasion pour remercier nos Hôtes Frantz et Clifford, ainsi que le personnel de la European motors et en tout premier lieu notre ami Kénol pour leur patiente et généreuse hospitalité. Ce pied à terre accessible à certains de nos clients et aussi à la grande foule de nos amis du bas de la ville, restera, nous l'esperons.

Cela nous permettra de garder le contact avec la vie bruyante des petites marchandes, des employés de commerce, des vendeurs de pacotilles, et surtout des laveurs de voitures.

A Delmas, un nom familier sera inscrit sur chacun de nos studios. Cela nous changera des couleurs que nous avons adoptées à la Rue du Quai. Bleu, Marron, Orange ou Vert. Mais nous en garderons un. C'est sur cette note de malice que je terminerai ce matin, en vous révelant un tout petit secret. Ce tout petit secret est un pied de nez permanent que faisait au duvaliérisme l'ancienne équipe de Radio Haiti.

Nous disions en effet sur les ondes. Allo, studio Bleu, Allo, Studio Bleu. Je peux vous le réveler aujourd'hui. J'avais ainsi voulu garder à la mémoire de toutes les couleurs amputées de notre drapeau national.

A tous, je dis passez une bonne journée en notre compagnie.

Merci et à demain matin 7 octobre pour la reprise du travail commun avec information, publicité, programme spécial chaque jour, pour vous informer et vous distraire.

Radio Haiti. Haiti-Inter, pour Haiti tout entière.

Merci.

Jean Léopold Dominique

Radio Haïti-Inter

Les deux propriétaires de la station.

Jean Dominique   Michele Montas

Autres employés, et des volontaires du projet des Archives de   Radio Haïti-Inter.

Konpè Filo   Liliane Pierre Paul

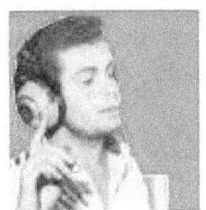

Richard Brisson

JJ Dominique   Laura Wagner, Phd   Marcus Garcia

Restauration des Archives de Radio Haïti-Inter en Caroline du Nord. Disponible sur SoundCloud.com

Massacre de Cazale

27 mars 1969 - 27 mars 1987

18 ans depuis que le régime anathème avait perpétré le massacre de Cazale.

18 ans depuis la population de Cazale n'a cessé de pleurer.

C'était dans l'enceinte de la petite église Saint-André surchargée dont la plupart de l'assistance était composé soit des victimes ou des membres de leur famille.

Surchargée des personnes à appartenance au secteur démocratique, qui avait fait le déplacement, surchargée d'enfants aussi, que le père Aristide avait chanté une messe de requiem sous un soleil de plomb, vers midi dans le bourg de Cazale hier.

Ce fut sur cette montagne qui domine le Bourg de Cazale, que nous avions été témoins de beaucoup de pleurs et d'émotions parce que les gens se ressouvenaient de ce qui s'était passé.

L'amour, La Justice, La Liberté avec La Fraternité n'ont pas nettement disparu. C'est ce qu'avait dit le père Aristide dans son discours de circonstance.

"Au nom de toutes les victimes, de ceux de Cazale en particulier, le 29 mars 1969, qui ont descendu le maudit drapeau pour hisser le drapeau bleu et rouge. Nous continuerons le combat, nous marcherons en avant, et nous vaincrons.

Men kwa manman-ou, men kwa papa-ou, vin' pilé'l si ou kapab. Cazale est toujours debout, plus rien de la sorte ne pourrait se reproduire."

Source : Radio Haiti Archives sur SoundCloud.com

Père Jean-Marie Vincent

Emission de Radio Haïti-Inter avec le reverend père Jean-Marie Vincent. Au micro, la voix distinctive de Kompè Filo, il dit:

"Nous avons avec nous aujourd'hui, père Jean Marie. Père Jean Marie est quelqu'un qui travaille dans la région de Jean Rabel depuis 12 années et qui connait mieux que tous, les problèmes de cette région.

Devrions-nous lui demander comment vont les choses dans la région de Jean Rabel, une zone vraiment difficile, pour mieux comprendre ce qui se passe, aux paysans surtout ?"

JM-- La région de Jean Rabel, comme vous le savez, c'est une zone vraiment difficile, il faut le dire. Même sur le plan Internationale, on le sait bien, que c'est l'un des endroits les plus misérables du pays, en termes d'agriculture, il y a surtout la sécheresse qui est omniprésente. Ce qui occasione la faim. Un problème d'une extrême gravité.

La plupart des gens qui s'aventurent en haute mer, pour se rendre à Miami, viennent de cette région du Nord-Ouest. Plus spécialement dans la zone Far West, comme on a l'habitude de dire, c'est-à-dire une zone lointaine dans le Nord-Ouest, une région qui s'étend de Trois Rivières, la Bombarde au Môle Saint-Nicolas.

Dans cette région existe une vaste plaine, beaucoup de deniers de l'état, particulièrement, de vastes domaines terriens, zone qu'on appelle Cadaste, en plus la zone est aussi grièvement montagneuse. Cette zone à 900 kilomètre carré de superficie et d'une population environ de 70 à 75 000 habitants.

De quoi vivent ces habitants ? Leur régime quotidien, consiste de maïs et de pois et de la pluie. Si la pluie tombe, on y trouve en abondance, maïs, patate, joumou, mais s'il n'y a pas de pluie, on meurt de faim.

C'est dans cette zone, lorsqu'on entend que les gens commençaient à vendre leurs enfants, en temps de sécheresse des années 1972, 1976. Cette sécheresse forçait les gens de se séparer de leurs enfants, et de leurs familles. Ces gens se rendent en ville, quittent ces enfants aux soins des personnes qu'ils connaissent à peine. Fort souvent ils ne reçoivent aucune nouvelle.

KP -- Mais, il y a de l'eau dans le Nord-Ouest ?

JM -- Il y en a mais elle est se situe très loin de Jean Rabel.

La source d'eau qui aurait servi dans la Baie des Moustique c'est Trois Rivières.

Il y en a au moins 30 000 hectares de terres dans la zone. Trois Rivières est la troisième des grands fleuves qui coulent dans tout le pays inutilement. L'eau se gaspille. On en parle souvent de projets hypothétiques d'irrigation de la zone.

Si on avait un projet d'irrigation qui aurait pu bénéficier un individu en particulier, on aurait pu le faire. Mais, comme on dit les habitants du Nord-Ouest sont trop pauvres pour absorber un projet d'envergure comme celui-ci. Ensuite, ce sont des habitants sans terres et la majorité de ces terres appartiennent à l'état. Donc, il y a un problème de distribution qui aurait causé beaucoup plus de problèmes si l'on aurait fait, donc on s'en est abstenu à le faire.

KP -- Lorsque vous parlez de terres appartenant à l'état, existe-t-il quelqu'un qui est responsable ? Sont-elles de 300 carreaux, 500 carreaux ?

JM--Ce sont des terres de l'état haïtien qui couvrent une grande étendue. Habitation Mada, Defoe, ce sont les anciennes terres du Dauphin. Terres qui ont été arpentées pour les plantations du Dauphin d'autrefois. Il fut un temps, on avait planté du Cisal pour supporter la guerre des Etats-Unis. On y faisait des cordes en pites.

Mais aujourd'hui on s'en sert plus de pites pour faire des cordes, maintenant c'est l'industrie chimique qui fait du nylon, produit qui a remplacé les cordes en pites à travers le monde.

On dit qu'on en a plus besoin et ces terres sont restées vides comme ça. Fort souvent lorsqu'on a une grande étendue de terres libres appartenant à l'Etat haïtien, il faut attendre que les politiciens s'y accaparent.

Ils demandent d'affermer ces terres, cinq carreaux par exemple, officiellement, mais ils utilisent 500 carreaux.

Etant donné que les grands propriétaires terriens en Haïti ne travaillent pas ces terres, ils les louent à d'autres gens, demandant soit 50 dollars par année au paysan. Donc, il y a une combine d'utilisation des terres de l'Etat dans cette région depuis longtemps.

Source : SoundCloud.com.

Massacre de Raboteau

Reportage qui nous vient de la BBC le 4 octobre 2000, concernant le massacre de Raboteau lors de la courte durée de la dictature militaire de Raoul Cédras. Dossier qui a été soumis par Peter Greste.

Une cour de justice en Haiti a entrepris l'audition des témoins ce Mercredi lors de la procédure appelé par le gouvernement haitien, comme extrêmement crucial pour l'émergence de la démocratie.

L'ancien dictateur militaire, Raoul Cedras, est l'un des 58 accusés dans ce qui est connu sous le nom du Massacre de Raboteau, qui a eu lieu en avril 1994.

Mais, les procureurs disent que la procédure a été manqué son impact par le fait que moins de 22 des défendants seront jugés in abstensia.

Les événements à la base du Massacre sont assez simples.

Tôt le 22 avril 1994, un groupe paramilitaire de soldats et civils font irruption sur un ghetto du bord de mer à Raboteau, en Gonaives.

Ces gens se précipitent dans une douzaine de maisons, battant et arrêtant tout le monde qu'ils trouvent dans ces maisons.

Certains ont été torturés sur les lieux, forcé de se coucher au-dedans des égouts à ciel ouvert ; d'autres on leur a tiré dessus alors qu'ils essayent de fuir.

Auteurs du Coup d'Etat D'après les documents disponibles au tribunal, au moins six personnes ont été tuées, malgré que les avocats des droits humains affirment que le nombre a été dans entre huit et quinze de tués.

Les procureurs insistent que l'attaque fît partie d'un plan pour briser l'opposition à un coup d'Etat mené par le général Raoul Cédras.

Mr. Cédras est seulement l'un des 22 accusés in abstensia.

La liste des accusés représente tous les rangs qui ont fait le coup, incluant le simple soldat jusqu'au haut gradé comme Mr. Cédras et ses complices, Michel François et Philippe Biambi, et Emmanuel Constant qui se chargea des paramilitaires civils du mouvement, connus sous le nom de Fraph.

Le fait que se tienne une séance est sans précédent dans un système de justice haitienne jugée très faible.

Ce fut pour la première fois que des membres de la haute commande et les leaders paramilitaires ont été jugés pour violations de droits humains.

D'après la porte parole du gouvernement en cours, il est impératif de documenter l'histoire du coup d'Etat.

La porte parole, Michele Karshan, dit que c'est une chance pour faire la lumière sur le sujet des abus de droits humains commis dans cette période, la plus sombre en Haiti et d'écouter les témoignages des victimes, de façon à se soustraire de ce passé.

Cela concerne la Justice, sans cette justice, Haiti ne peut jamais avancer, dixit Michele Karshan.

Macoutisme

Reportage de Radio Haïti-Inter après la mort de Jean Léopold Dominique.

Au micro, Patrick Elie, Anselme Rémy, Ben Dupuy. Emission du 5 mai 2001.

Depi peyi sa-a fèt, depi moun ap fèt nan peyi d Ayiti, pifò moun fèt san zavni, san tè, san non, san batistè.

Nan peyi dayiti gen moun ki save, gen entèlektyel, gen bayè de fon, gen moun ki fè-e-defè, gen l'opozisyon, gen politisyen kap fè politik.

En Haiti, les assassins sont dans la ville. Anpil moun pe, paske yo pè.

Gen yon bann lòt kap tann jistis. Si nou viv ak enpinite nou pa moun.

Zanmi oditè Radyo Ayiti Intè, salitasyon pou nou tout.

Nan kad gwo kanpay nap fè nan tout peyi-a, pou nou wè kouman nap derasinen enpinite ak enjistis nan lespri nou nan konpòtman nou, nan jan peyi nou ap fonksyone, nan jan leta nou ap fonksyone.

Nan jounen jodi-a eko vwa Jean Dominique
kontan invitew patisipe avèk li nan yon gwo refleksyon sou sa makoutis la ye.

Sou sa makoutis la ye kòm yon systèm, kòm yon systèm kite dirije nou pandan yon sèten tan, men tou kòm yon mantalite ki jounen jodi-a samble ap met tèt li deyò e ki toujou merite derasinen, e se avèk ou nou vle fè sa.

Men pwogram sa-a tou nan lespri eko vwa Jan Dominik ki vle patisipe nan derasine enpinite ak enjistis-la, a pati de yon lòt kalite edikasyon, mwen ta renmen tou ke tout yon jenerasyon kenz a ventan timoun ki pa konn ki sa makoutis la ye, yo rive kon-nen l nan analiz nap fè sou kesyion an, nan demash pou n kon-nen ki kotel te soti e nan yon dènye bout, nap gade tou, kòm nou santi li la toujou, kòman nap kapab derasinen li nèt nan lespri nou, nan peyi nou.

Source: Radio Haiti Archives sur SoundCloud.com.

Affaire Gasner Raymond

Reportage d'Haïti-Inter sur la mort du journaliste haïtien, Gasner Raymond.

Dans ce monologue, Jean Léopold Dominique, non seulement, parlait intimement sur ce qui vient de se passer, mais il avait dit beaucoup plus. Il avait parlé de sa propre mort, et sur le comportement qu'on devait observer à l'égard de sa propre famille.

Nos sympathies à sa famille, malgré qu'en ce temps-là, nous n'avions pas eus l'opportunité unique d'écrire et ceux qui en avaient eus cette opportunité, la cachait dans les romans de l'époque de la dictature. La peur y était présente partout, il fallait bien dissimuler ces choses comme le faisait Jean de Lafontaine, aux temps de la royauté en France…

Nous sommes passés dans l'ère de l'information. Donc, aujourd'hui, les choses se font différemment. Voilà ce que disait, Jean-Léopold Dominique dans son monologue de la circonstance.

JLD -- Datée de Port-au-Prince, le 16 juin, nous extrayons quelques notes consacrées, et je cite, les obsèques de Gasner Raymond, le jeune journaliste haïtien de 23 ans, de l'hebdomadaire Petit Samedi Soir,

"Gauche Nationaliste" tendance Tiers Mondiste, dont le corps avait été découvert le premier juin, au bord d'une route au Sud de la capitale haïtienne, ont été célébrées mardi à Port-au-Prince, en présence d'une foule nombreuse et émue.

La dépêche de l'Agence France Presse poursuit, un officier de la maison militaire du président Duvalier, représentant le chef d'Etat haïtien a assisté à la cérémonie, ainsi que de nombreux intellectuels, des étudiants, des journalistes dont le secrétaire général de l'association des journalistes haïtiens, Mr D. Charrier.

On notait également, les présences discrètes d'un représentant de l'ambassadeur des Etats-Unis et d'un représentant de l'ambassade française à Port-au-Prince.

Des discours courageux et émouvants en guise d'éloges funèbres du défunt, ont été prononcés par Dieudonné Fardin, le directeur du Petit Samedi Soir, Emile Célestin, journaliste du même hebdomadaire, le premier en français, le second en créole.

Fin de la dépêche de l'Agence France Presse.

Il faut signaler aussi, la brève intervention de D. Charrier qui présenta les condoléances de l'Association des Journalistes Haïtiens.

Il y avait ce visage beau soufflé d'un garçon tuméfié dans son cercueil. Mais, sous les traits ravagés j'ai pu déceler une certaine sérénité. Autour du cercueil, les pleureuses, les camarades de travail, les parents, les amis, et seule, petite, comme écrasée par la douleur, il y avait sa mère.

Quand je lui ai pressé la main, en lui présentant les sympathies de toute l'équipe de Radio Haïti-Inter, elle a murmuré comme dans un état second,

"Pitit mwen, ay, pitit mwen !"

Un nom m'est venu tout de suite aux lèvres Délira, Délira, la maman douloureuse qui voit partir son fils, la mère torturée qui voit s'effondrer le rêve de sa vie. C'est à cette mère bouleversée que va tout d'abord ma pensée respectueuse.

C'est à cette femme que va aujourd'hui, ma sympathie. C'est sur cette maman endolorie, cette maman torturée que nous devons porter l'affection de notre solidarité confraternelle.

Car, qui lui dira les paroles tendres dont Gasner avait seul le secret ? Qui enrichira son quotidien avec des petites marques d'attention que son fils lui prodiguait ?

Son fils, en qui elle voyait l'accomplissement d'une vie de privations, la récompense de ses souffrances et de son abnégation.

J'essaye de l'imaginer, il y a quelques jours, dans cette maison de la Croix des Martyrs, attendant, nouvelle Antigone, qu'on lui rende le corps de notre frère, dans un silence funèbre ponctué des cris des pleureuses accourues et pour "kenber" avec elle le deuil et les consolations du voisinage, consterné, accablé, désemparé comme elle.

Honè Respè pou manman Gasner Raymond !
Na ede l kenbe dèy-la, na ede l kenbe rèl-la !
Na ede l sipòte la penn nan !

Cette mort nous concerne tous. Toute la profession est concernée par cette mort mystérieuse et brutale.

Depuis quelques années, nous apprenons sur le tas, le métier de journaliste. Le public aussi apprend à recevoir d'autres informations. Nous apprenons quelque chose de neuf dans la prudence, l'objectivité la discipline, mais aussi dans une foi neuve en des lendemains qui peuvent chanter.

Cette mort nous concerne tous, car elle nous consterne tous. Il était possible, il y a peu, de faire comprendre les mécanismes des prix, l'évolution de la conjoncture économique, les structures qui permettent la relance, les possibilités de construction de nos routes, les causes qui prolongent la dégradation de notre habitat.

Ce nouveau journalisme avait rendu possible la rectification d'erreurs, comme celles qui affligeaient les paysans des Irois, ou ceux de l'Artibonite. L'on avait pu entendre les lamentations des pèlerins sacrés de Ville Bonheur où les réclamations des communautés rurales en voie de développement.

Cette mort nous consterne. Car elle nous renvoie dans les ténèbres de la confusion.

Journalistes, balbutiant, ne sachant plus tout à fait où est la vérité ?

Aujourd'hui, malgré notre prudence, malgré notre discipline, nous ne discernons pas ce qui est possible et surtout, nous avons peur.

O je sais que les compagnons de Gasner ont dit qu'il n'avait pas peur. Je ne parle pas de cette peur-là. Cette peur que leur courage écarte d'un mot.

Notre peur cruelle n'est certes pas individuelle, elle est pour les autres, pour les jeunes sans expérience dont les inquiétudes sont coléreuses. Car cette mort ébranle leur foi chétive en la vérité.

L'on cherche encore un peu partout à démêler les fils de ce mystère qui entoure la mort de notre confrère Gasner Raymond. Accident, règlement de comptes sentimentaux, châtiment divin, Danny Laferrière n'y a t-il pas fait allusion dans le dernier numéro In Memoriam, évoquant la prêche d'un prêtre un peu débordé par les événements ?

Exécution sommaire ? N'est-il pas sage de laisser à la commission présidentielle d'enquête le soin d'en faire éclater la vérité ?

N'est-il pas sage de s'en remettre avec confiance à la Justice de notre pays pour punir les coupables, le cas échéant ?

Mais, à côté de ces considérations techniques, juridiques, a-t-on pensé qu'au cœur de cette tragédie, il y avait peut-être un profond malentendu ?

Celui qui isole les hommes d'Haïti. Celui qui les empêche de se connaitre pour mieux s'aider, pour mieux s'aimer, pour mieux aider le pays sans préjugé, sans rancunes, sans égoïsme, sans zizanie.

Pour être solidaire dans l'adversité et l'oppression du sous-développement. Ce malentendu qui fait entendre la haine et les vectives sous le cri véhément de Gasner pour les faibles et les démunis. Ce malentendu qui bouche les oreilles d'un prêtre et qui lui fait prendre pour de l'impiété et de l'irréligion ce qui n'est que détresse généreuse et pitoyable pour les vendeurs du temple.

Ce malentendu enfin pour le journaliste qui cherche une vérité douloureuse et son public qui croit entendre la contestation.

Malentendu encore si l'enfant trépie de rage devant le mal, tandis que l'autre ne voit qu'aigreur devant l'ordre établi. Cette mort de Gasner Raymond ne doit-elle pas nous inciter à nous regarder, à regarder en nous-mêmes, à nous interroger sur notre propre surdité.

Il faut dissiper le malentendu. Que s'ouvrent les oreilles que les âmes aussi s'ouvrent. Car la générosité de l'âme du jeune Gasner nous inspire aujourd'hui, inspire notre pensée.

Il faut repenser nos problèmes professionnels de journaliste pour mieux situer notre travail quotidien dans un paysage chaque jour plus tourmenté, sur un nid chaque jour plus sinueux.

L'on se posait à mon retour du Canada où j'ai appris la nouvelle, une question dans les salles de rédaction de journaux et de station de radio. Allons-nous pouvoir continuer à travailler au nouvel local comme par le passé ?

Le cours nouveau du journaliste haïtien, que nous pouvons hier encore nous enorgueillir. Est-il brutalement stoppé ?

Nous avons vécu un certain dégel dans la diffusion des informations nationales. Les circonstances de la mort de Gasner Raymond, sont-elles le signe de quelque chose d'autre ?

Je ne suis pas le seul à poser ces questions. Je ne suis pas le seul à craindre pour l'avenir de notre profession. D'autres avant moi, sur d'autres postes de radio n'ont-ils pas exprimé la même inquiétude ?

Mais aujourd'hui qu'on a emporté en terre notre ami, ayons dans le calme la sagesse profonde, une pensée recueillie pour lui. Pour son action de journaliste, pour ses articles, pour sa lumière et pour l'amitié qui par-delà la tombe nous tend la main. Mais reportons surtout notre solidarité confraternelle sur celle qu'il laisse presque sans moyens, sa maman, en douleur hier, en douleur aujourd'hui, en douleur demain encore. Cette mère que nous devons réconforter de notre affection, de nos sympathies. Qu'elle trouve auprès de chacun des journalistes haïtiens l'aide que nous ne saurions ménager à l'un de ceux qui fut notre, à l'un de ceux qui nous appartient, à une lumière qui reste encore au cœur de nos problèmes.

Source : SoundCloud.com Radio Haïti-Inter Archives.

Commission Nationale de Vérité et de Justice

Reportage de Radio Haïti-Inter

Comme toujours, nous sommes en train d'écouter l'une des émissions vraiment instructives, Face à l'Opinion, et la voix au microphone est celle de Michèle Montas, elle dit : "Informations, idées, débats, prises de position dans la transparence."

"Ceux qui font l'actualité dans le secteur public, privé, des fonctionnaires, des entrepreneurs, des syndicalistes, des leaders paysans, parlent."

MM -- Face à l'Opinion ! Ki sa yo di, Ki sa yo fè ?
Ki moun yo ye ? Sa ki responsab sèvis leta, moun
ki fè ekonomi peyi-a mashe, moun ki fè kilti
peyi-a vanse, yo gen la pawòl sou Radyo Ayiti.

La rubrique habituelle terminée, c'est la voix Jean Léopold Dominique qu'on entend dire,

"Messieurs, Dames Bonsoir ! Nan Fas à l'Opinyon nou genyen avèk nou, Françoise Boucard. Françoise Boucard te prezidan Misyon Verite Ak Jistis, Bonsoir Françoise !"

Françoise Boucard -- Bonsoir Jean, bonsoir tout auditeurs Radyo Ayiti Inter-yo.

Jean Léopold Dominique -- Françoise, gen yon pwoblèm jistis kap pale nan peyi-a. Genyen yon pwoblèm mare avèk li se pwoblèm enpinité. Sak fè ke nou pwal pale jodi-a sè ke lòt jou nan Dezam, nan Latibonit Genyen de abitan nan dezam ki témwaye devanw, devan Komisyon-an, ki te lonje dwèt sou eleman ki tap maspinen-yo, bouwo kite kraze-yo.

E pi, depi kèk tan bouwo sa yo, yo tounen nan Dezam, yap fè nèg menas, Moun ki te denonse-yo di pinga kò nou, nap vinn pran nou, nap vinn kraze nou ankò.

Moun-yo rele ANMWE ! Alòs pwoblèm sa-a, se yon pwoblèm Dezam, se vre, men se yon pwoblèm ki pi pwofonde Françoise, paske sa vle di ke. Moun ki te temwaye devan Komisyon Verite Ak Jistis-la yo genlè an danje. Saw di nan sa ?

FB -- Mezanmi, Jan sa se yon bagay ke Komisyon-an depi lontan l tap travay, li te genyen konsyans de danje, disons, ki te egziste pou viktim-yo. Paske viktim-yo te finn subi, disons, tout maspinaj pandan koudeta-a, epi genyen le fait ke yo te oblije anba pay.

Paske yo pat kapab sòti pou yo reklame yon bagay, yo konnen ke yap viv nan yon peyi kote leta poko konstitye vrèman poul kap responsab sitwayen l yo.

E pandan ke nou tap fè ankèt-yo nan Komisyon-an, gen yon bagay ki te particulièrement etonan, e particulièrement, disons, louwab pou populasyon Ayisyenne nan, se ke, malgre tout danje sa-a, ou te wè kantite moun ki te pare pou yo te vini temwaye devan komisyon-an.

E Jan gen de kote ekip anketè-yo, endeyò, gen de kote, le soir yap recevwa moun toujou, moun yo, viktim yo, yo menm yap kenbe bouji, yap kenbe tèt gridap, yap kenbe lanp pou pèmèt anketè-yo ekri. Paske yo-men-m chak fwa yo gen yon espwa pou yo, disons, konstwi yon sosyete ki gen jistis, yo reparèt ankò, yo rekòmanse menm si yo mete tèt yo an danje.

Quelques-uns des enregistrements, disponibles sur SoundCloud.com

Interview de Mère Nora Cortiñas

Qui est Nora Cortiñas ?

Depuis l'année 1977, Nora Cortinas faisait partie des Mères de la Fondation Plaza de Mayo, exigeant aux autorités concernées de la punition pour ceux qui sont reconnus coupables d'enlèvements, de la torture de 30 000 personnes pendant la dictature militaire de 1976 à 1983 en Argentine.

Nora Cortiñas a entrepris des voyages partout dans le monde, sur tous les continents, en signe de solidarité avec les familles des personnes disparues et demande à ce que les coupables soient punis.

Dans sa qualité de professeur d'université, Nora Cortiñas a fait des analyses et des études profondes sur la relation entre la dictature militaire, la dette extérieure corrompue et la crise économique en Argentine. Eh bien, passons à notre transcription directe de l'émission Face à L'opinion de Radio Haïti-Inter.

On entend la rubrique, Face à l'Opinion, et la voix au microphone est celle de Michèle Montas, elle dit : "Informations, idées, débats, prises de position dans la transparence." "Ceux qui font l'actualité dans le secteur public, privé, des fonctionnaires, des entrepreneurs, des syndicalistes, des leaders paysans, parlent."

MM -- Face à l'Opinion ! Ki sa yo di, Ki sa yo fè ? Ki Moun yo yé ? Sa ki responsab sèvis léta, Moun ki fè ékonomi péyi-a mashe, Moun ki fè kilti péyi-a vansé, yo gen la pawòl sou radyo Ayiti.

La rubrique habituelle terminée, c'est la voix Jean Léopold Dominique qu'on entend dire, "Bonsoir, Mesdames, Bonsoir, Messieurs."

JLD -- Avec nous aujourd'hui à Face à l'Opinion, Mme. Nora Cortiñas qui est une des mères de la Place de Mai en Argentine.

JLD -- Bonsoir, Mme Cortiñas !

Nora Cortiñas -- Bonsoir ! (en espagnol) Il y a une personne qui traduit pour madame Nora Cortiñas.

JLD -- Madame Cortiñas, vous êtes de l'Association des Mères de la Place de Mai. Qu'est-ce que c'est qu'une Mère de la Place de Mai ?

Nora Cortiñas -- En tout premier lieu, c'est une mère qui a eu un ou plusieurs de ses enfants, disparus dans la nuit lors que la dictature militaire en Argentine. On compte aussi, des mères qui ont des enfants disparus au cours du gouvernement constitutionnel de Madame Isabel Martinez de Péron.

196

Car c'est en ce moment-là qu'a été mise à l'essai, cette méthodologie diabolique, sanglante, cette méthode de la disparition forcée des personnes. Du fait qu'une personne est enlevée, elle disparait et qu'elle devient un être dont on ne sait rien de son sort et la personne qui est enlevée ne sait rien non plus de sa famille.

JLD -- Il y a combien de temps qu'Existe cette association ? Et que les Mères de la Place de Mai se sont constituées pour réclamer leurs disparus ?

Nora Cortiñas -- Le 30 mars 1977, nous avons commencé à aller à la Place de Mai après que l'une des mères qui a été ensuite enlevée, portée disparue le 10 décembre de la même année 1977.

JLD -- Ce qui veut dire que la personne qui a commencé le mouvement a elle-même disparue par la suite ?

Nora Cortiñas -- Bon, au cours de l'année 1977, les Mères de la Place de Mai, nous avons été infiltrés dans la Place de la Marine, par un capitaine de la marine appelé Alfredo Astiz qui s'introduit parmi nous en se faisant passer pour un frère d'un disparu.

Il a ainsi espionné sur notre mouvement pour voir qui a été les Mères, les mères les plus actives, et Asucéna a été la dirigeante. D'un autre côté, il y en avait d'autres Mères disparues, Esther Carriara, Marie Ponce de Bianco, disparues toutes les deux.

Il y avait deux religieuses françaises missionnaires, il y a un autre petit groupe des parents des disparus.

Le motif qu'ont trouvé les militaires pour cette action d'enlèvement, c'était la dissolution du mouvement des Mères de la Place de Mai. Car c'était la première année de sa croissance. Et ce fut une croissance vertigineuse. Etant donné le nombre aussi important de disparitions forcées.

JLD -- Vous avez commencé en 1977, c'est-à-dire, sous la dictature militaire ?

Nora Cortiñas -- Oui, oui, le 30 avril 1977, nous avons du faire face depuis cette place historique, la Place de Mai, à la dictature militaire parce que la Place était située en face du Siège du gouvernement.

Cette Place était au centre du pouvoir politique, économique, et écclésiastique de Buenos Aires. C'est là que se trouve la Cathédrale, la Curie Métropolitaine, le ministère d'économie, et le siège du gouvernement.

JLD -- Lorsque vous avez commencé ce mouvement, il n'y a pas eu de réactions publiques des militaires sur la Place de Mai ?

Nora Cortiñas -- La réaction a été l'infiltration par ce capitaine de la Marine et l'enlèvement de ce groupe de personnes mené par cette Mère qui était la dirigeante. Et on nous a appelés, Folles ! C'est ainsi qu'on a commencé à parler de Folles de la Place de Mai. Il y a des livres, des publications qui nous mentionnent sous ce nom.

JLD -- Malgré la disparition du leadership de ce mouvement, le mouvement s'est poursuivi.

Nora Cortiñas -- Oui, nous avons continué, en principe parce qu'il y a eu ce grand choc des enlèvements. Mais nous pensons que justement, parce que nous avons commencé à rechercher nos enfants et qu'ensuite ce groupe de Mères, ces religieuses qui venaient nous soutenir avaient été enlevés, nous devions poursuivre ce mouvement avec d'autant plus de force.

JLD -- De 1977 à 1998, cela fait 20 ans.

Nora Cortiñas -- 21 ans depuis que nous nous sommes rassemblés sur la Place de Mai, tous les Jeudi, quel que soit les conditions atmosphériques, nous ne manquons à aucun rendez-vous à la Place de Mai, tous les Jeudi ; et cela, y il a vingt-ans.

Beaucoup de gens sont mortes, les pères se sont suicidés. Ce mouvement est un mouvement de Mères seulement, mais les pères ont joué un rôle d'appui, d'espoir. Ils ne pourraient agir de la même manière que nous vivons dans un pays où le machisme était fort et on exerce beaucoup de pressions sur l'homme pour qu'il n'exprime pas ses émotions de la même manière que les femmes...

JLD -- Aujourd'hui, le capitaine Alfredo Astiz, après avoir été condamné par contumace en France, pour justement ces religieuses dont vous parlez. Et ensuite, il est actuellement sous le coup de la justice en Argentine même ?

Nora Cortiñas -- Non. En Argentine il n'a pas été poursuivi. La seule chose qu'a faite le président de la république, il a été licencié de son poste. Une fois destitué de son poste, la Marine lui versait de toute manière son salaire comme espion d'un groupe de la Marine.

Mais, le capitaine Astiz est constamment agressé par le peuple. Quand il sort dans la rue, il est insulté, on le crache dessus, les jeunes le frappent et s'approchent de lui dès qu'il est reconnu. On le frappe dans un excès de colère simplement parce qu'on le voie passer en liberté. Donc, il est vraiment répudié par la société.

JLD -- Mais, les généraux, commandants les forces armées Argentine qui étaient au pouvoir sont actuellement poursuivis par la justice ?

Nora Cortiñas -- Le général Vidella est en prison maintenant, mais dans une prison privilégiée, dans sa propre maison alors qu'il est le premier responsable du terrorisme d'Etat et qu'il devrait être condamné à perpétuité et qu'il devrait se trouver dans une prison ordinaire. De toute façon il est incarcéré.

En réalité, nous suivons de près ce dossier, parce qu'il a été emprisonné pour enlèvement de cinq enfants. Car la disparition forcée d'enfants n'est pas couverte par les lois d'impunité. Mais, nous demandons que toute la chaine de commandement soit emprisonnée. Car c'est ce qu'il faut faire. Et tous doivent être condamnés à perpétuité. Car les crimes qu'ils ont commis, sont des crimes contre l'humanité. Ils ne peuvent être amnistiés parce que ce sont des crimes qui sont commis chaque jour.

Parce que nos enfants n'apparaissent pas et que même leur corps n'apparait pas. Tant que les restes ont disparus le crime est toujours fait. Tous les responsables de ces crimes odieux doivent être condamnés.

JLD -- Et c'est pour cette condamnation-là que vous continuez votre mouvement ?

Nora Cortiñas -- Nous continuons ce mouvement, parce que nous ne voulons pas de vengeance, nous ne voulons pas de peine de mort, mais nous voulons la justice. Et nous ne voulons pas la justice en termes abstraits, ni la justice divine. Nous voulons la justice tout de suite, la justice bien terrestre, nous voulons qu'ils soient sous les verrous. Que les assassins, les tortionnaires, les voleurs d'enfants, ceux qui ont commis ces crimes contre l'humanité, soient sous les verrous.

JLD -- Vous avez dit les voleurs d'enfants. Le général Videla est justement poursuivi pour la disparition et le vol des enfants. Pourriez-vous, madame Cortiñas, nous dire en quoi consistait ce vol d'enfants ?

Nora Cortiñas -- Eh bien, vous savez maintenant et après un long travail intense de la justice que l'on a pu savoir que la dictature militaire a mené un plan prémédité qui comprenant aussi l'enlèvement et la disparition des enfants. L'on enlevait les femmes enceintes, elles restaient en prison après avoir été torturées pendant qu'elles étaient enceintes, et lorsqu'elles accouchaient on leur enlevait leur enfant et l'on remettait cet enfant à des familles de militaires qui ne pourraient pas avoir d'enfants. Et ensuite la mère a été assassinée et enterrée dans des endroits dont on n'a aucune connaissance jusqu'à nos jours. Je vais vous dire à monsieur pour que vous sachiez quel était l'une des tortures que faisaient ces militaires criminels sur les femmes enceintes.

Pour torturer le bébé qu'elles portaient dans leurs ventres, ils introduisaient une cuillère dans le vagin et ils y connectaient l'instrument de torture électrique pour torturer le bébé dans le ventre de la mère.

C'est le but des tortures.

Il y a certains de nos enfants qui, après avoir été torturé, on leur injectait une substance appelé peine cavaval pour les endormir et on les jetait dans le fleuve ou dans la mer, mais vivant, pour qu'ils soient dévorés, pour que leurs corps soient dévorés par les poissons. Ils étaient endormis, drogués afin qu'ils ne fassent pas de résistance lorsqu'ils ont été jetés dans le fleuve ou dans la mer. Ce sont des crimes impardonnables.

JLD -- (La voix troublée) Et c'est sur cette note d'horreur que nous allons demander à Madame Nora Cortiñas de nous attendre quelques secondes pour la pause et nous reviendrons à Nos Mères de la Place de Mai.

Après cette la pause, Jean Léopold Dominique revient au micro, "Face à l'Opinion aujourd'hui avec Madame Nora Cortiñas, une Mère de la Place de Mai en Argentine.

JLD -- Madame Nora Cortiñas, vous disiez qu'ils torturaient les mères et les enfants.

Nora Cortiñas -- Tous, tous ont été torturés.

JLD -- Pourquoi ?

Nora Cortiñas -- C'était un plan criminel de style Nazi. Mais je pourrais dire avec une grande douleur que ce plan Nazi a été même perfectionné. Les militaires argentins ont une mentalité Nazi. Si vrai certains ont été persécutés également simplement parce qu'ils étaient Juifs, de nombreux jeunes.

J'aimerais vous dire également, pourquoi nous avons eus une dictature militaire et pourquoi nous avons subi tellement de répression.

Parce que dans notre pays, il fallait mettre en œuvre une politique économique de fin de chômage, l'oppression du peuple argentin, pour pouvoir rendre des comptes au Nord, comme c'est le cas aujourd'hui. Et ce coup d'Etat a été fait avec la complicité du pouvoir politique. C'est lui qui a manipulé la situation. L'Eglise Catholique argentine, à l'exception de rares Evêques qui ont constamment répudié le coup d'Etat. Et toute cette complicité du pouvoir économique et d'hommes politique qui ont également ...

JLD -- Ce fut donc un système extrêmement complexe, extrêmement sophistiqué, d'exploitation du peuple argentin ?

Nora Cortiñas -- Oui, parce que ceci a permis d'importer un nombre important de cadres politiques et qui luttaient en faveur d'un changement. Qui voulait que dans notre pays, il y ait une justice sociale, qui voulait le développement, l'égalité. Il fallait donc faire taire ce peuple qui luttait pour ces bénéfices et pour défendre la dignité du peuple.

JLD -- Quand vous dites que, il y a eu aussi de la répression et des violations des droits humains, après l'arrivée du gouvernement constitutionnel. Cela signifie que les forces armées et la structure de répression ont continué à fonctionner ?

Nora Cortiñas -- Non. Les forces armées se sont retirés dans les casernes, mais l'appareil répressif, le système répressif d'avant s'est maintenu en moindre mesure, parce que, comprenez bien que nous avons, 30 000 disparus, presque 10 000 prisonniers politiques, 8 000 victimes assassinées avec apparition de corps et des milliers, des milliers d'exilés en dehors de l'Argentine. Sans parler de l'exil interne, vécu par de si nombreuses personnes à travers la terreur des forces armées. Mais, à la fin de la dictature militaire, une fois la dictature finie. Un gouvernement constitutionnel a été mis en place élu par le peuple. Qu'il y avait la possibilité de pacifier le pays, à dicter des lois d'impunité qui ont été appelés lois de point final et d'obéissance obligé.

Avant ces lois, il y eu un procès contre un groupe de militaires le sommet de Terrorisme d'Etat et un groupe d'officiers inférieurs, mais le procès s'est arrêté là. Un groupe de militaires a été condamné et avec les lois appelées de point final et d'obéissance, presque tout ce groupe est resté en liberté, à l'exception du sommet des commandements militaires, les plus grands responsables.

Lorsque le gouvernement a changé, lorsqu'un autre gouvernement, celui de Menem est arrivé au pouvoir, c'est celui que nous avons maintenant. Il y a eu un pardon de délit et tous les responsables du terrorisme d'Etat sont en liberté.

À travers cette grande impunité dans notre pays, il y a eu une répression plus atténuée, plus cachée qui s'est poursuivi, qui a été menée à bien par la police fédérale et la police de la province de Buenos Aires. Nous avons quatre cent plaintes d'assassinats et tortures.

Dans les commissariats, tortures encore. Nous avons des cas de jeunes qui sont entrés dans un commissariat bien vivant et les parents sont allés chercher leur corps sous le gouvernement de Carlos Menen.

JLD -- Sous le gouvernement de Carlos Menen ?

Nora Cortiñas -- Oui, oui. Il y a quatre ans, ils ont assassiné un journaliste Bonino en guise d'avertissement au syndicat de la presse pour indiquer que les journalistes aussi étaient en danger. Il y en a un ami Jose Luis Cabezas a été assassiné. José Luis Cabezas était un journaliste qui devait couvrir les rencontres de grands chefs d'entreprises dans notre pays qui dominent le milieu d'affaires. Il me semblerait que ce journaliste, étant très responsable, comprend bien ce qui se passait à ce niveau du milieu d'affaires, ce journaliste donc a été cruellement assassiné avec les mêmes méthodes de la dictature militaire. L'on sait qu'il s'agissait de la police de la province de Buenos Aires, mais ils n'en ont pas encore tiré au clair cette affaire. Ce que je peux vous dire, c'est que notre société assume une responsabilité de dénoncer ces crimes. Moyennant, la mobilisation. Nous pensons que l'assassinat de José Luis a été faite pour intimider la presse. Ce que nous avons maintenant dans la presse replace l'absence de justice. C'est-à-dire que nous avions au début 107 journalistes disparus pendant la dictature militaire. Et maintenant, avec un gouvernement constitutionnel, il faut que nous déplorions cette perte si grande de deux amis journalistes.

JLD -- Ce qui signifie que ce n'est pas terminé bien que cela soit plus feutré.

Nora Cortiñas -- Ceci est la conséquence de l'impunité, c'est pour cela que nous sommes ici en Haïti, de ce groupe donc avec Adolpho Estivel, avec Mabel Gothières, nous sommes ici en Haïti dans une lutte contre l'impunité. Dans une lutte dans le monde entier, car l'impunité met en péril la démocratie. Elle met en péril la coexistence au sein d'un peuple. Et elle diffuse cette terreur, répand cette peur avec des agissements, des actions comme dans le cas de l'Argentine et peut-être aussi ici en Haïti où la répression est toujours, la répression contre les pauvres, contre les secteurs les plus désemparés qui vivent dans une insécurité totale.

JLD -- Nous allons voir après cette nouvelle pause les réflexions de Madame Nora Cortiñas sur sa visite en Haïti.

Après la pause...

JLD -- Face à l'Opinion aujourd'hui avec Madame Nora Cortinas, une Mère de la Place de Mai en Argentine. Madame Cortinas vous venez de passer deux jours en Haïti, quelles sont vos impressions sur cette visite et de votre rencontre avec des hommes et des femmes qui luttent aussi contre l'impunité?

Nora Cortiñas -- J'étais très impressionnée. Tout d'abord, j'étais très contente à cause de l'accueil très chaleureux du peuple haïtien. Ce peuple, par lequel nous en Argentine, nous sommes déjà luttés depuis l'époque de la dictature militaire. Et l'impression que nous avons eu c'est l'impression de beaucoup de misères, plus loin que la pauvreté, mais l'impression de misère, des gens se trouvent sans protection, sans protection de l'Etat.

Ça revient à l'Etat, l'Etat doit faire certaines choses pour ces gens-là. Ce matin on a été à Cité Soleil et je n'avais jamais pu imaginer que je pourrai voir autant d'abandon que l'Etat puisse autant abandonner des êtres humains, abandonné des enfants qui vivent dans des conditions sous-humaines. J'étais très impressionnée, vraiment très impressionnée. Aussi, dans le même quartier, nous avons écouté les victimes. Victimes de la dictature militaire. Ces victimes qui ont eues leurs maisons brulées, leurs meubles, ils ont perdu tout ce qu'ils possédaient. Elles sont restées dans les rues, les femmes ont été en majorité violées et ce peuple a été battu et maltraité. Et nous voyons maintenant que l'Etat n'a rien fait jusqu'à maintenant pour eux.

Nous avons rencontré aussi des femmes et des syndicats et on a aussi écouté des drames. Les mêmes drames, ces drames qui se passent jour après jour, la persécution toujours, aux gens les plus humbles, les plus pauvres. Violations des femmes. On a aussi passé un moment avec des gens de Bateys.

Jusqu'à présent, nous ne pouvons pas comprendre pourquoi, comment, nous sommes presqu'arrivé à l'année 2000 et nous allons déjà changer de siècle. Pourquoi existe-t-il cette humiliation dans l'être humain, une humiliation aussi grande ? Les gens sont privés de dignité, sont privées d'identité et ces gens-là se transformaient en parias. Ils n'ont pas de patrie, ils ne sont pas haïtiens, ils ne sont pas dominicains, on les utilise comme des esclaves. Et jusqu'à présent nous ne pouvons pas comprendre pourquoi cela se passe jusqu'à présent ? Parce qu'il y a deux Etats qui sont responsables. L'Etat de la République dominicaine et l'Etat de la République d'Haïti. Comment puisse-t-on permettre que des êtres humains dans cette indignation, mêmes les animaux ne sont pas traités de cette façon.

207

Donc, je peux dire que nous partons avec une sensation très amère, avec beaucoup de douleur aussi. Parce que ceci a dépassé tout ce que nous avons pu imaginer dans ce pays, que nous avons trouvé dans ce pays de belles gens, de belles personnes, des gens qui luttent et de ce pays qui a été le premier à avoir son indépendance dans l'Amérique et dans toute la Caraïbe.

JLD -- Vous dites que vous avez aussi rencontré des gens qui luttent. Vous avez été avec la Fondation 30 Septembre, qui, à l'imitation des Mères de la Place de Mai, défilent chaque Mercredi pour réclamer justice ?

Nora Cortiñas -- Oui, nous les accompagnons, sur la Place des Martyrs et nous avons reçus toute l'affection, toute la chaleur, de tous les désirs, pour que nous puissions lutter ensemble contre l'impunité, pour la liberté des peuples, pour la défense de la dignité. Et il me semble que nous allons partir avec la richesse de tous ces rencontres.

Et en remerciant les gens qui nous ont invités. Nous allons partager avec ce peuple un espoir que peut-être un jour le soleil s'élèvera pour tous. Ainsi que nous allons vaincre dans cette lutte aussi difficile, aussi longue contre l'impunité et cette lutte pour une vie plus digne pour tout le monde.

JLD -- Madame Cortiñas, vous dites, vaincre l'impunité, mais vous venez de nous faire comprendre que la lutte contre l'impunité n'est pas seulement une justice à l'intérieure des tribunaux. Vous venez de nous faire comprendre que la lutte contre l'impunité est aussi une lutte à l'intérieur de notre société. Est-ce que votre mouvement, le mouvement des Mères de la Place de Mai, s'implique aussi dans une lutte pour que la société soit plus juste ?

Nora Cortiñas -- Oui, oui, nous revendiquons tous les jours, la lutte pour nos enfants qui ont disparus et nous prenons leur bannière tous les jours. Nous sommes dans cette lutte pour les droits de l'homme, de tous les droits de l'homme. En Argentine, nous travaillons avec 8 ou neuf organisations des droits de l'homme. Parce que je veux dire que maintenant, nous avons formé une autre organisation, c'est l'organisation des enfants de nos enfants, et ensemble nous luttons pour la défense de tous les droits de l'homme. Pour la justice et aussi pour l'éducation, pour le droit d'éducation, et surtout à la vie, la liberté, la justice, le droit à la santé le droit à l'emploi, le droit au travail pour les gens pour un salaire digne et pour une habitation digne. Pour les vieillards aussi pour qu'ils aient une retraite digne pour qu'ils puissent survivre pendant leurs années de vieillesse et aussi pour qu'on finisse avec les enfants des rues. Qu'ils ont des parents, qu'ils ont des parents qui travaillent, qui travaillent pour qu'ils puissent les soutenir, les maintenir, et pour tous les droits inhérents à l'être humain.

JLD -- Est-ce que cela signifie que le mouvement des Mères de la Place de Mai s'implique dans la vie politique et fait de la politique en Argentine ?

Nora Cortiñas -- Bon, je voudrais vous expliquer que quand nous avons commencé en allant sur la Place de Mai ça a été une attitude qui sortait de   nous-mêmes. On nous avait coupé une partie de notre vie et nous n'avons pas   pensé en ce moment-là comment ce mouvement allait augmenter au cours des ans sur le contexte social et politique. Nous sommes un mouvement politique très fort, mais nous ne sommes pas partisans.

Nous ne travaillons pas avec des partis politiques. Mais, nous organisons des marches, des protestations et les partis qui peuvent venir, ils peuvent venir. Mais, ils ne peuvent pas utiliser notre mouvement. Nous allons au Parlement, nous faisons de demandes aux partis politiques, mais nous ne participons pas avec eux dans des activités.

JLD -- O sea partido socialismo, partido radical?

Nora Cortiñas -- Avec aucun de ces partis nous n'avons aucun engagement, et nous ne voulons pas non plus. Aucune des Mères ne participent à aucun parti.

Parce que nous voulons être à l'extérieur et exiger aux partis, nous exerçons une pression très forte sur eux pour qu'ils abrogent ces lois de point final et les lois de pardon. Nous n'avons pas pu atteindre toutes ces demandes mais nous avons pu obtenir quand même la dérogation de ces lois. Ça ne sert pas beaucoup, mais c'est déjà un pas en avant. Mais, les partis politiques ont du se mettre à nu devant la société en ce qu'ils pensent sur ce problème de l'impunité et ils devront aussi changer d'avis, sinon s'ils ne se prononcent pas contre l'impunité, ils vont perdre des votes.

JLD -- Parce que vous croyez qu'actuellement, après 25 ans, le citoyen argentin pourrait juger un candidat sur la question d'injustice ou d'impunité ?

Nora Cortiñas -- Oui, oui, l'opinion de la société est beaucoup plus politisée et la société a pris conscience elle pense qu'elle doit participer dans tous ces protestations devant ces partis politiques et devenue beaucoup plus évidente.

Nous croyons que les partis politiques doivent donner leur avis exact sur les questions spéciales. Par exemple, sur le thème de l'impunité, sur le thème de la justice sociale. La défense du peuple, il faut écouter le peuple. Ce sont des points essentiels pour que le peuple ait confiance dans ces hommes politiques.

En ce moment, parce que les gens ne croient pas à la justice. Parce qu'il n'y a pas de justice, Il n'y a pas encore de justice comme il faudrait qu'il y en ait, et comme les politiciens promettent, font des promesses, mais ils veulent seulement arriver au pouvoir. Donc, on les met en question.

JLD -- Cela veut dire, vous dites, il n'y a pas de justice. Le système judiciaire Argentin ne fonctionne pas ?

Nora Cortiñas -- Non. Je ne sais pas. Il y a très peu de juges qui nous écoute et qui essaye d'établir une justice, de faire justice, mais il n'y a pas une volonté politique du gouvernement pour qu'il y ait vraiment la justice. Et en plus, la justice n'est pas indépendante en Argentine. La Cour Suprême de justice est nommée par le président de la république.

JLD -- Et vous croyez que la volonté politique manque parce que le gouvernement craint les forces armées Argentine ?

Nora Cortiñas -- Non. Il y a des intérêts économiques derrière tout ça.

JLD -- Cela veut dire que le système économique actuellement en Argentine exerce une pression sur le pouvoir politique pour ralentir la justice Argentine ?

Nora Cortiñas -- Oui, le pouvoir économique est complètement contrôlé par le Fonds Monétaire International, par la Banque Mondiale, pour nous demander notre dette extérieure et pour intervenir dans le processus économique de notre pays et appauvrissant notre peuple. Pour régler ces comptes, chaque jour, il y a des salaires beaucoup plus bas, moins de travail, il y a beaucoup plus de faim, beaucoup de besoins, et il y a beaucoup de désespoir.

JLD -- Ce qui veut dire que selon vous, Madame Cortinas, la lutte contre l'impunité ne peut pas être séparée d'une lutte pour un système économique différent ?

Nora Cortiñas -- Oui, totalement. Parce que l'impunité c'est une partie de l'établissement de ce système économique. C'est pour cela que notre lutte est une lutte très large, très vaste, et elle comprend d'abord la dénonciation permanente de toutes les situations d'outrage qu'on fait au peuple et les dénonciations sont au niveau national et au niveau international. Parce que nous en permanence, nous dénonçons auprès des organismes internationaux, la situation sociale, politique, économique et même culturel.

JLD -- Je vous écoute et je me dis, est-ce que le mouvement des Mères de la Place de Mai, les mouvements citoyens contre l'impunité en Argentine n'ont pas développé une position politique face à ce système économique ?

Nora Cortiñas -- Oui. Les organismes qui défendent les droits de l'homme, nous travaillons tous ensemble et nous essayons de renforcer toutes les organisations sociales, de travailleurs, il y a une église aussi, des bases, pas l'église officielle, l'église populaire, et les groupes de syndicats, groupes progressistes qui sont contre ce système économique et nous travaillons tous ensemble. En Argentine, nous avions une Union avec les organisations sociales et universitaires, éducatives, avec les professeurs, avec les étudiants, et cette union est très forte. Et nous luttons, nous continuons à lutter pour vaincre cette injustice aussi grande.

JLD -- Je vous regarde, je vous écoute Madame Cortinas, et je me dis que vous ne venez pas d'un milieu social très pauvre ?

Nora Cortiñas -- J'appartiens à une classe moyenne basse. Mes parents ont dû travailler beaucoup pour arriver à une classe moyenne.

Mais ce qui se passe, nous Mères, nous qui sommes de classes sociales différentes, de religions différentes, nous n'avons pas d'appartenance politique. Nous avons appris pendant ces 21 ans, depuis que nous sommes dans la rue, nous avons appris à avoir une sensibilité et nous avons appris à détecter la situation politique et sociale et que nous ne possédions pas auparavant. Auparavant, nous étions que des maitresses de maisons comme tout le monde. Nous ne parlions pas de politique parce que nous vivons dans un pays machiste où la maitresse de maison, on dit toujours que la maitresse de maison ne sait rien en politique, et donc nous avons dû faire tout cet apprentissage dans la rue.

Nous avons frappé dans les portes, nous avons parlé aux politiciens, aux gens de niveau social différent, politique et économique aussi nous sommes allés chercher auprès de ces gens-là avec une intuition, l'école ne donne pas tout ceci, c'est l'intuition qu'on acquiert quand on veut entrer dans ce drame et quand on veut savoir pourquoi on a pris nos enfants et revendiquer tous les jours...

JLD -- Ce qui signifie que les 25 années de luttes du mouvement des Mères de la place de Mai, a été pour chacune d'entre vous, une prise de conscience sociale, politique, économique, morale. Un changement personnel. C'est ça ce que cela veut dire ?

Nora Cortiñas -- Cela a été une croissance pour nous toutes, nous avons grandi, ça a été forcée, nous avons dû sortir dans les rues. On nous a forcé à sortir dans les rues, on a dû apprendre sur la politique, sur l'économie, sur la religion aussi, parce que il fallait aussi parler au prélat, aux évêques, et aux personnes de différentes religions, et nous avons appris à nous faire respecter par les autorités, par la société dans son ensemble.

On est passée de Folles de la Place de Mai, nous sommes devenues des femmes respectées partout et notre foulard qu'on porte tout le temps est respecté et en plus il est écouté, la Mère est écoutée, nous donnons nos opinions, les universités nous invite, les écoles nous invite aussi, on nous invite dans les réunions avec les professeurs, avec les travailleurs, on échange des idées.

Nous travaillons aussi régler des problèmes, des problèmes sociaux, de coexistence, contre les persécutions minoritaires, soit les prostituées, les travestis, les enfants des rues, et les personnes en retraites. Nous travaillons en permanence tous ensemble, nous ne nous séparons pas des groupes qui sont persécutés ou réprimés.

JLD -- Il y a 25 ans Monsieur Cortinas, vous étiez une mère de famille ?

Nora Cortiñas -- Oui.

JLD -- Qu'est-ce que s'est devenu ? Vous avez gardé votre foyer ?

Nora Cortiñas -- Oui, j'ai toujours mon foyer, et j'ai eu deux enfants, il y a un qui est disparu, et j'ai trois petits-fils et mon mari est mort il y a quatre-ans, dans des douleurs et d'incertitudes. Nos maris, les hommes dans la majorité des cas, ils ont eu des maladies prématurées. Mon mari était mort dans l'incertitude sans pouvoir savoir ce qui était arrivé à son fils. Mais, nous les Mères, nous avons pu continuer à jouer les deux rôles. Partager dans nos foyers peu d'heures, mais intensément avec notre famille, et notre famille a su nous apporter la chaleur, la compréhension et elle a su aussi partager avec nous toute cette douleur et nous avons continué, nous continuons à partager avec la famille des moments très beaux, et je peux dire aussi quand nous nous réunissons, parmi nous-mêmes, toutes les mères, toutes nos amies qui ont grandis beaucoup, il y a des joies, des moments, de très beaux moments, moments très agréables, nous pouvons rire et chanter, nous pouvons avoir de l'espoir, nous pouvons nous rappeler de nos enfants avec beaucoup d'amour, beaucoup de tendresse, nous pouvons nous rappeler de comment ils étaient.

215

Des jeunes pleins de vie, avec le désir de lutter et de vivre, et eux aussi, ils voulaient aussi jouir de leur famille. C'était leur rêve, voir leur famille. En plus je voudrais vous dire que j'ai continué à étudier une carrière et j'ai été diplômée comme psychologue sociale.

JLD - Rire. Vous avec trouvé le temps et surtout le courage.

Une pause et puis vous allez répondre à une question. Avez-vous été tenté de faire de la politique active ?

Après la pause...

JLD -- Madame Cortinas, une Mère de la Place de Mai en Argentine à Face à l'Opinion aujourd'hui, alors vous avez été tenté de faire de la politique active ?

Nora Cortiñas -- Non, jamais, je n'ai jamais voulu renter dans un parti politique parce que notre drame serait perdu à l'intérieur d'un parti politique. Parce que les hommes politiques s'occupent après d'autres thèmes, et moi je pense que nous devons continuer à insister, nous devons insister toujours pour ne pas oublier parce que ce Drama a été énorme, c'est un drame qui n'a pas de pardon et qui n'a pas d'oubli. Je voudrais ajouter que les nous les Mères, nous luttons pour tous les enfants. Pour les 30 000 enfants, mais nous voulons aussi dire que chaque enfant a sa personnalité, son histoire, son identité. Et nous devons en permanence montrer l'histoire de chacun d'eux, avec tout ce qu'ils ont fait, avec leurs rêves avec leurs familles, entouré de leurs familles, qu'ils ne perdent jamais leur identité.

Nous ne globalisons pas, nous ne mettons pas tout le monde ensemble. Chaque enfant est une histoire.

JLD -- Chaque disparu à son histoire propre.

Nora Cortiñas -- Chacun a son identité.

JLD -- C'est la raison pour laquelle vous n'avez jamais été tenté de vous présenter devant les électeurs argentins et de dire, envoyez-moi à la Chambre, envoyez-moi au Sénat, envoyez-moi à la Mairie, je veux être el Alcalde de Buenos Aires. Vous n'avez jamais été tenté de dire ça ? Pourquoi ?

Nora Cortiñas -- Non. Non. Je veux être toujours une mère qui continue sa lutte en faveur des 30.000 disparus, en faveur des torturés, en faveur des gens qui ont souffert des emprisonnements.

Et, les préoccupations de tout mon peuple. Mais, sur le chemin en marchant à côté de mon peuple. Même si j'ai beaucoup d'estime, ceux de la carrière politique, politiciens écoutent le peuple et peuvent faire quelque chose pour le peuple, j'ai beaucoup d'estime pour ces personnes-là ; mais moi, je n'aime pas rentrer dans ce labyrinthe de la politique et cela me ferai perdre cette force pour rappeler aux hommes politiques, pour les faire songer aux disparus.

JLD -- Senora Cortiñas, es una nueva religion ? C'est une nouvelle religion ?

Nora Cortiñas -- Oui. C'est comme une nouvelle religion, bien réelle. Parce que ce que nous voulons c'est la vérité, la justice et la mémoire. La vérité pour qu'on nous dise qu'est-ce qui s'est passé, qu'est-ce qui est arrivé à chacun de nos disparus ? La justice, nous ne voulons pas une justice abstraite, de la justice du ciel.

Nous voulons la justice de la terre, la prison, pour les bourreaux, pour les assassins, pour les voleurs d'enfants. Pour que jamais plus ces crimes ne se reproduisent, et pour qu'ils ne persécutent jamais plus les peuples, et pour qu'ils n'outragent pas les droits de l'homme. Et, parce que nous voulons aussi que notre peuple, tous ensemble, notre peuple lutte pour une vie digne pour tous les êtres humains. Et aussi, nous voulons accompagner les autres peuples pour atteindre ce rêve qui était le rêve de nos enfants.

JLD -- Oui, mais lorsque je vous écoute, je me pose la question, est-ce que ce combat-là n'est pas quelque chose de plus qu'un combat politique ?

Nora Cortiñas -- Oui, assurément. C'est plus fort qu'un combat politique parce que nous le sentons aussi. Cela, dans notre pays, c'est un combat qui va plus loin qu'un combat politique.

JLD -- Il y a 21, 22, 23, 24 ans, vous dites qu'il faut la justice et vous ne précisez pas une justice dans le ciel abstraite, mais une justice sur terre. Pourtant ces crimes vont être couverts par la prescription, alors ?

Nora Cortiñas -- Non. La disparition forcée des personnes est déclarée un crime contre l'humanité et n'a pas de prescription. C'est un crime qui n'a pas d'amnistie. Ils ne vont pas prescrire. On va continuer à lutter jusqu'à ce qu'il y ait la justice. On ne va pas s'arrêter. Parce que de la même façon que ce peuple veut la justice, nous aussi nous voulons la justice et il faut se frayer un chemin pour qu'il y ait cette justice. Sans faiblir, sans laisser tomber, sans baisser le bras.

JLD -- Vous êtes assisté par des conseils d'avocats ?

Nora Cortiñas -- Les mères, non. Nous partageons avec d'autres organismes qui ont des avocats. Mais les actions que nous avons faites, les actions que nous menons maintenant qui sont lancées par des actions d'ordre populaire. Des marches, des dénonciations, en plus des actions faites menées par Des avocats, de procédure légale d'à côté. Mais dans notre côté, toujours les mères, nous les mères on a toujours une expression dans la rue en plus d'aller à la Place de Mai tous les Jeudi. Quand il faut dénoncer quelques faits, on sort dans la rue, on apporte des pancartes, des affiches, enfin on est mobilisé. Mais je vais vous raconter la dernière chose qu'on fait maintenant.

Nous menons maintenant une action avec les enfants et les autres organismes, une action qu'on appelle scratché. Je vais vous expliquer scratché, c'est un mot un peu français, Italien, scratché, cela veut dire quoi ? On met la photo de la personne, de l'assassin, du tortionnaire. On met la photo, on met son adresse, son numéro de téléphone et avec tout son histoire, dans quel camp de concentration il a agi pendant la dictature militaire. Et, si maintenant il a un poste à l'intérieur de l'Etat.

On met ces affiches partout dans son quartier, pour que tous les voisins, pour que toutes les personnes sachent qu'ils vivent à côté d'un tortionnaire. Et pour qu'ils le mettent dehors du quartier.

Et, s'il ne va pas en prison, tout le temps qu'il ne va pas en prison, nous continuerons à faire ces scratchés, cette méthode-là. Un jour on mettra la photo d'un tortionnaire dans notre quartier, un jour dans le quartier où il habite apprend qui est-il, en plus de sa famille. Parce que quelques-uns de ces tortionnaires, ont caché à leur famille qu'ils étaient des tortionnaires qui travaillaient dans des camps de concentrations et comme ça leurs enfants, leurs petits-enfants, tout le monde apprend la nouvelle. Tout le monde sait qui est son père ou son grand-père.

JLD -- Avant de terminer, avez-vous partagé cette belle expérience avec nos frères et sœurs de la fondation 30 Septembre ? Vous leur avez racontez-ça ?

Nora Cortiñas -- Oui, bien sûr nous les avons racontés cette méthode de scratché, nous leur avons parlé de mobilisation.

Aujourd'hui, on leur a dit d'amener des gens sur la Place des Martyrs, tous les Mercredi et qu'ils frappent la porte du gouvernement, des autorités en exigeant la justice et la réparation. Parce que ce peuple mérite cette justice et cette réparation et parce que ce peuple doit arriver à atteindre cette justice la réparation.

JLD -- Avec l'aide des mères de la Place de Mai, nous arriverons à cette justice. Muchissima gracias, madre.

Nora Cortiñas -- Merci beaucoup, et nous vaincrons.

Arrestations Arbitraires

Reportage : Jean Léopold Dominique sur l'arrestation de Konpè Filo.

La voix au micro, celle de Jean Léopold Dominique, il dit : "ici Jean Dominique" "ici Jean Dominique, directeur de Radio Haïti."

JLD --Konpè Filo a été arrêté !
Yo arete Konpè Filo !

JLD répète, d'un ton urgent, il dit :
Yo arété Konpè Filo !

Konpè Filo a été arrêté hier soir ! Au sortir des studios de Radio Haïti, Rue du Quai. Un autre camarade, Renot Macénat, opérateur de nuit de notre station a aussi disparu. La nouvelle de l'arrestation de Konpè Philo a été confirmé par les autorités civiles, macoutes et militaires de ce pays qui nous ont précisé que notre compagnon de travail, conduit, hier soir à Fort Dimanche a été transféré ce matin au Palais National.

Nous ignorons encore les causes de l'arrestation de Konpè Filo ainsi que celle de la disparition de Renot Macénat. Sommes-nous revenus aux temps de Gasner Raymond ? D'Ezéchiel Abélard et de tant d'autres confrères disparus sans laisser de traces ?

Sommes-nous revenus aux temps de l'arbitraire déchainé ? Les masques d'une certaine démagogie démocratique sont-ils en train de tomber ? C'est la question que nous nous posons.

Nape mande pouki yo arete Konpè Filo ? Nape mande pouki Renot Macénat dysparèt ?

Autres Arrestations : Cette fois, la voix au micro est celle d'Harold Isaac.

Il dit : "ici Harold Isaac, rédacteur en chef à Radio Haïti-Inter"

HI --- Notre collaborateur, Richard Brisson a été arrêté à trois heures cet après-midi au moment où il regagnait son domicile au Bois Verna. Tandis que notre directeur, Jean L Dominique a disparu depuis 11 heures ce matin.

D'autre part, Me Joseph Lafontant, membre de la ligue haïtienne des droits humains, Me. Constant D. Pongnon, directeur de formation du centre intellectuel et de la Revue Coquerico et Gabriel Hérard auraient été également arrêté aujourd'hui.

Malgré tous nos efforts, nous n'avons pu entrer en contact avec aucuns des responsables concernés.

Le Bureau des Recherches Criminelles. Les différents bureaux de police de Port-au-Prince, de Fort Dimanche, affirment tout ignorer de ces arrestations.

Ayant usé à tous les moyens à notre disposition - sans résultat – nous essayons donc une appelle sur les ondes pour obtenir des précisions officielles.

Dans le cadre du dialogue constructif prôné par le gouvernement, nous demandons aux autorités constituées de ce pays de nous informer des motifs que jusqu'à présent nous voulons croire légaux de la disparition de Jean L. Dominique, journaliste, directeur de la station indépendante, Radio Haïti-Inter. Ainsi que de l'arrestation du programmateur de la station, Richard Brisson, celle de Me. Lafontant Joseph, membre de la ligue haïtienne des droits humains, de notre concitoyen, M. Gabriel Hérard, de Me Constant D. Pongnon, directeur de la Revue Coquerico.

Pourquoi ces arrestations qui créent une nouvelle situation d'angoisse ? Et qui font craindre le pire pour la survie de Radio Haïti-Inter et pour tout le mouvement démocratique en Haïti ?

Ensuite, nous avons entendu une voix surprenante dont je me plaisais à écouter dans les émissions de radiodiffusion en langue Kréyol en Haïti.

Voix surprenante parce qu'on n'avait pas mentionné son nom dans le reportage. Cela fait plus de 35 ans, donc j'ai oublié son non. Il a repris le message d'Harold Isaac en Kréyol.

P.S Je me demande si quelqu'un pourrait m'aider à identifier la voix à la fin du reportage en Kréyol ?

Source : SoundCloud.com Radio Haïti Archives

On m'avait appelé Cassandre

Michèle Montas

Reportage, Michèle Montas de Radio Haïti-Inter.

Pour un moment bref, on entend la voix de Jean-Léopold Dominique disant, ici je n'ai d'autres armes que mon métier de journalisme. Mon micro et ma foi inébranlable de militant pour le changement, le vrai changement. C'est cette vérité-là qu'il est bon de dire ce matin. La vérité d'un homme libre. Ensuite, vient la rubrique habituelle, Haïti-Inter fait le point !

Cette voix que nous ne saurons oublier, était celle de Richard Brisson.

Ensuite on entend, Grenadiers, à l'assaut, sa ki mouri zafè-a yo, comme à la trompette ! Tonm tan dan donm !

On m'a appelé Cassandre, disait Jean-Dominique dans un éditorial, la voix au micro, celle de Michèle Montas maintenant. Elle continue.

On pourrait encore, dix-neuf mois que ce militant de la démocratie, l'appeler Cassandre.

Malgré la discipline qu'il s'était fixé de ne jamais faire le jeu de ceux qu'il considérait les ennemis du peuple haïtien. Il voyait des nuages s'amonceler tandis que des opportunistes, des affairistes de tous poils, tentaient d'investir le parti Lavalas qui en 1990, incarnait l'espoir d'un peuple tout entier.

Cassandre, il l'était sur l'issue de certaines alliances, qu'il jugeait impies du côté de l'opposition comme du côté Lavalas.

Cassandre, il l'était aussi sur le fossé de plus en plus profond entre les politiques de tout bord, négociant depuis la fin du coup d'Etat, un maximum de pouvoir et une population aux prises avec un quotidien de plus en plus bouché et ne rêvant plus que de fuite vers des ailleurs trompeurs.

Cassandre, il l'était aussi amèrement, sur l'incapacité de la plupart des acteurs politiques à dépasser ses luttes de pouvoir, à penser au sauvetage d'un pays que l'arbitraire et les injustices du coup d'Etat avait profondément meurtri.

Cassandre, il l'était aussi, sur la détérioration des principes et la perte de balises morales, dans une Haïti de Shen mange Shen ou les idéaux auxquels j'en croyais.

Un socialisme généreux, mais rigoureux, une démocratie respectueuse des libertés. Une indépendance nationaliste tirant partie d'une longue histoire de résistance. La justice.

Ces idéaux sont chaque jour accommodés à la source de l'opportunisme politique. Les évènements des derniers jours, en particulier ce sanglant du weekend à Port-au-Prince ont certainement donné raison à ce Cassandre-là.

Un navrant weekend de La Toussaint qui se prolonge en notre capitale. Trois morts dont un bébé de deux mois, tué à La Saline. Plusieurs dizaines de maisons incendiées.

L'enjeu le territoire très lucratif de La Croix des Bossales. Des chefs de guerres à la tête de gangs lourdement armés s'affrontent.

L'ancien comité de gestion du plus vaste marché du pays accuse de meurtre au Franco Camille dit Cadavre, frère du nom célèbre, du nom moins célèbre Ronald Cadavre, prétendument recherché par la police. Les deux hommes avec apparemment l'appui de certains membres influents du parti Lavalas répond par les armes, aux agresseurs présumés.

La Saline a vu en action, Vendredi, un armement inimaginable dans ce temps de paix que prône le chef de l'Etat. Deux gangs armés, se déclarant Lavalas tirant à hauteur d'homme avec des mitrailleuses sur trépieds. La police intervient pour rétablir l'autorité de l'Etat.

Même ville, votre capitale, même weekend, les propos grivois des guédés ont pu, Vendredi dernier, faire oublier les bruits des armes à feux au cimetière de Port-au-Prince, où les chefs de guerre s'affrontaient la veille, chacun protégé par un Maire ou un assesseur. Des saisons mouvementées pour un cimetière.

Le Maire principal, Mme Marthe Marie Yves échoue d'abord d'installer au cimetière de Port-au-Prince, son protégé, outre passé, Eddy Moise, à la place du protégé au lourd, mais du récent passé de ces deux assesseurs.

Félix Bien-Aimé dont le nom avait été dument cité lors du récent affrontement à Carrefour-Feuilles, continue 24 heures de plus à nettoyer son cimetière pour accueillir les familles venues se recueillir sur les tombes, pour chaque premier et deux Novembre, et aussi les cohortes obscènes de la mort joyeuse.

Fort d'une équipe de partisans de Fort Mercredi et Grand Ravine, armés et arrosés des sommes récoltées au cimetière de Port-au-Prince. Fort aussi de la protection des Maires adjoints Harold Sévère et Luckner Monplaisir, et aussi de la protection du député... Bien-Aimé doit cependant battre par retraite lorsqu'intervient le CIMO.

Eddy Moise est alors installé à la gestion lucrative du cimetière de Port-au-Prince. 1 000 gourdes par inhumation, une vingtaine d'enterrements par jour, faites le calcul.

Des sommes qui devraient être versés à la Mairie. Mais, il garde son automatique à portée de main. Pour combien de temps sera-t-il en charge ?

Seuls les morts qui se sont certainement retournés dans leurs tombes ce weekend de La Toussaint le savent.

En attendant, la police a, temporairement, rétabli, dit-on, l'autorité de l'Etat.

Et puis autre tentative de contrôle de l'autorité de notre territoire de la zone métropolitaine. La mairie de Pétion Ville, un des rares conseils municipaux, jusqu'ici fonctionnel dans la région métropolitaine. Cette fois la mairie, l'une des plus riches des quatre qui forment notre capitale est investie de matières fécales. Punition moins létale que les armes automatiques, mais qui était étrangement une arme de prédilection des petits macoutes en 1986 et 1987, on se souvient encore du badigeonnage répété de la petite école que les habitants de Port-de-Paix avaient solidairement baptisé, école Richard Brisson.

Dans le cas de la Mairie de Pétion Ville, des arrestations sont opérés, un juge de paix dresse constat, les mandats sont lancés, on se demande s'ils seront exécutés.

L'autorité de l'Etat, en tout cas, est temporairement rétablie.

Quel Etat ?

S'agit-il du même Etat dont le premier ministre accuse au ministre de l'intérieur de forfaitures et continue à cohabiter avec lui. Le ministre Ménard s'est d'ailleurs étonné de la question d'un journaliste à savoir, s'il démissionnerait de son poste, pa bétizé non mon shè !

Impensable, une démission ! Après tout, chaque fonctionnaire, élu ou nommé n'est-il pas l'Etat ?

Affaire Clinton Knox

Premiers Kidnappeurs haïtiens.

Mardi 23 janvier, 1973, Monsieur Clinton Everett Knox, Ambassadeur des Etats-Unis en Haïti, était en route vers sa résidence à Pétion-ville, lorsqu'un Commando composé d'une femme et deux hommes le prirent dans une embuscade. Ils brandissaient des armes à feux et des couteaux, ensuite, ils forcent l'Ambassadeur dans leur véhicule, s'acheminant vers sa résidence dans les hauteurs de Musseau.

Ils disent que rien de mal n'arriverait à l'Ambassadeur si le gouvernement Haïtien libère les 31 prisonniers sur la liste qu'ils ont présentée. Ils demandent au gouvernement de payer une rançon de $70 000 US et qu'un avion soit mis à leur disposition pour laisser Haïti, en toute sûreté.

L'Ambassadeur, de sa résidence, appelle le Chef de la section du Consulat, Monsieur Ward Christensen, et les négociations continuent ainsi entre les Commandos, l'Ambassadeur, le gouvernement Haïtien, l'Ambassade Américaine, et Washington.

La demande des Kidnappeurs : Libération pour les 31 prisonniers suivants :

1. Elizabeth Philibert
2. Guy Antoine
3. Francis Georges
4. Emile Almonor
5. Anna Napoleon

6. Rose

7. Laurette Badette

8. Josue Bernard

9. Jacques Magloire

10. Napoleon Victomey

11. Emmanuel Napoleon

12. Ulrick Joly

13. Antonio Joseph.

14. Jean Napoleon

15. Frank Telemaque

16. Enar Francois

17. Roney Lapombay

18. Patrick Lemoine

20. Ronald Duchemin

21. Capotine Charlot

22 Angenor

23. Wilfrid Sanders

24. Ernest Renoir

25. Renald Duchene

26. Edmond Pierre Paul

27. Adrienne Gilber

28. Ruce Vincent

29. Destin Payant

30. Martelly

31. Ramon Lescouflair

L'Ambassadeur de France, Bernard Dorin, et le Chargé d'Affaires du Canada ont beaucoup contribués à résoudre les différends entre les partis qui dureront plus de 20 heures. Pour la première fois, la presse Haïtienne a été capable de transmettre les nouvelles en toute liberté.

Le gouvernement ne fit aucune interférence et permettra à Jean Dominique, Marcus Garcia et Mlle Lacombe l'exercice de la liberté d'expression inhérente à leur fonction de journaliste.

Pour la première fois, sous le règne de Jean-Claude Duvalier, le peuple Haïtien aussi a eu le goût de ce qu'est la liberté de la presse et comment elle fonctionne dans une société libre. A 11:00 AM. Mercredi, le gouvernement Haïtien accorde la liberté à 12 prisonniers de la liste contenant 31, disant qu'il n'existe aucun dossier sur les autres 19 dans aucunes de leurs prisons ou dans les autres postes de police. Ces douze individus ont été conduits de Fort Dimanche aux Casernes Dessalines, et enfin, au Pénitencier National. Le Général Breton Claude et le Capitaine Emmanuel Orcel les informent qu'ils seront libérés, grâce à l'amabilité du Président Jean-Claude Duvalier, et qu'ils ont le choix de demeurer dans le pays ou partir dans l'après-midi. Cinq de ce groupe décident de rester en Haïti. Mais, puisque ce scenario ne fit partie des demandes requises dans la procédure des négociations, les prisonniers n'ont eus d'autres choix que de partir.

A 2:00 de l'après-midi, les 12 prisonniers ont été conduits à l'Aéroport Militaire Boeing Field d'où ils embarquent à bord de l'avion-cargo DC-6. Non loin de l'Aéroport, une foule de citoyens concernés se campèrent. Journalistes, ainsi que le reportage par radio et à la télévision, tous s'assemblent pour rapporter la nouvelle aux auditeurs et téléspectateurs. En peu de temps, les trois membres du Commando et leurs otages - l'Ambassadeur et le Consul Général - arrivent en voiture, accompagnés par les ambassadeurs du Mexique et de la France - Les Commandos grimpèrent à bord de l'avion-cargo.

L'Ambassadeur Knox et le Consul Christensen marchèrent avec les Ambassadeurs du Mexique et de la France, hors de l'avion.

Les portes furent fermées avec tout le monde à bord prêt à décoller, mais l'avion demeura sur la piste pendant deux heures supplémentaires pour s'approvisionner en vivres et faire le plein d'essence. Ce délai créa parmi la presse et autres présent un haut-niveau d'incertitude et de malaise, qui deviendra alarmant et causa un doute sérieux concernant l'avenir du vol de ce jour avec son équipage.

Finalement, vers 6 heures du soir, l'avion commença à se mouvoir doucement et puis rapidement décolla pour Mexico City avec les Commandos et les 12 prisonniers rescapés :

Adrienne Gilbert, Jacques Magloire, Emmarnold Napoleon, Ulrick Jolly, Anna Napoleon, Rose, Elizabeth Philibert, Emile Almannor, Josue Bernard, Napoleon Victomey, Antonio Joseph, et Agenor.

Parmi les 19 dont la présence dans les prisons Haïtiens et ceux dont les demeures sont supposées être inconnus ; le 24 janvier 1973 par le gouvernement de Jean-Claude Duvalier, Ronald Duchemin était toujours vivant ce jour, en prison, au Cap-Haitien. Il fut exécuté le 25 mars, 1976 au Fort Dimanche.

Gérard Toussaint, Ernest Renoir et Laurette Badette furent aussi détenus au Pénitencier National et furent libérés le 21 septembre, 1977, puis, exilés quatre jours plus tard.

Deux autres moururent avant le Kidnapping sous la surveillance des officiers qui se chargeaient des négociations : Jean Napoléon, le 26 décembre 1972, au Fort Dimanche, et Wilfrid Sanders se suicida par pendaison aux Casernes Dessalines plusieurs mois plus tôt.

Le Colonel Breton Claude fut forcé de prendre sa retraite de l'Armée d'Haïti, tôt en 1974. Il mourut chez lui, dans son lit, quelques années plus tard.

L'Ambassadeur Clinton Knox, laissa Haïti le jour après le Kidnapping pour Washington et pour des raisons de santé. Il ne retournera guère à son poste. Il se retira, peu de temps après, et mourut en 1980.

Jusqu'à ce jour, Emmanuel Orcel est toujours vivant et libre en Haïti.

Mashann Surettes

Reportage de Jean-Dominique.

Ma rue va d'Ouest en Est. Du soleil couchant au soleil levant, si vous préférez cette allusion poétique. Le côté Sud de ma rue, très étroite, je vous préviens, elle est en sens unique, les voitures n'y croisent pas, mais les piétons, certainement. Son côté Sud est bordé par un trottoir. S'y piétinent tant de gens, les plus humbles aux plus huppés, pressés ou nonchalants.

Toute la journée, le trottoir reçoit le soleil de plein fouet. Les gens sont cependant protégés par quelques ombres de manguiers, d'arbres à pin ou parfois d'un chiche et maigrichon amandier. Il y a aussi trois oasis d'ombre sur le trottoir qui longe le côté Sud de ma rue.

L'un au coin du Champ de Mars, sur lequel s'agglutine les marchands ambulants, et ce depuis de longues années. L'autre en face à une école bruissante du capitage de centaines de garçons et de filles qui se répandent au dehors aux heures de récréation, parce que la cour de l'école a été hélas trop étroite, pour les contenir tous.

Sous ce manguier, mais est-ce plutôt un arbre à pins, à l'heure de la fin des cours, quelques marchands ambulants proposent aux enfants les douceurs traditionnelles, bonbon sirop, menthes, chicklets, pain patates, le va et vient se déroule hélas assez loin de mon balcon et il me prive de ce plaisir unique de vivre de haut, les joies de la récréation, avec ces centaines de garçons et de filles, chastement mêlés durant dix minutes, savourant la pause après l'heure de cours.

Et vous savez comment les heures de cours sont ennuyeuses dans nos écoles. Non, hélas mon balcon est trop loin et le bout de trottoir qui passe devant ma porte est trop ensoleillé pour y attirer les marchands ambulants.

A mes heures de solitudes, penché sur la balustrade, j'essaye parfois de distinguer au loin, ce mouvement merveilleux, palpitant, cette agitation écolière autour d'une barque de bonbons. Et puis, un jour de Septembre de l'année dernière, cela vous rappelle quelque chose, Septembre de l'année dernière ? Le ciel a entendu ma prière. Mais est-ce le ciel ou est-ce l'enfer ?

Quoi qu'il en soit quelqu'un là-haut, là-bas a voulu s'occuper de mon bout ensoleillé de trottoir. Et un triste matin de Septembre, j'ai eu la surprise de découvrir sur mon bout de trottoir, en face de ma maison, juste en face de la barrière qui forme une sorte de protection entre le monde extérieur et moi, quelqu'un, un pauvre type avec sa barque. Une petite chaise paille basse. Un layé pour le protéger du soleil brulant et ce sourire énigmatique qui ne l'a plus quitté de six heures du matin à parfois huit heures du soir. Tous les jours, depuis ce matin triste de Septembre où il s'est installé sur mon bout de trottoir ensoleillé.

Ce marchand de surettes, car c'en est un, me tient ainsi compagnie depuis lors, fidèlement, c'est le cas de le dire.

Hélas, il a choisi la mauvaise place. Le long de ma rue. Une place où à midi le soleil tape dur. Où aucun pied Sablier ne vient adoucir les ardeurs de son commerce.

C'était donc un matin triste de Septembre. Triste, parce que des yeux allucidés avaient crus dans les dédales, la ronde des ruelles populaires la ronde cynistre des loups.

Ah, vous vous souvenez à présent, car si je vous dis que le soleil dans la forêt est comme un ventre qui se donne dans un lit, vous me croyez, vous approuvez tous mes désirs.

Si je vous dis que le crystal de jour de pluie résonne toujours dansla paresse de l'amour. Vous me croyez encore plus, vous me comprenez.

Mais, si je vous dis qu'on matin triste de Septembre, un marchand de surettes s'est installé en plein soleil sur le côté Sud de ma rue, vous froncez les sourcils et vous vous demandez en écoutant les chansons, mais ou veut-il en venir ?

Nulle part. Pour moi la poésie comme la radio doit avoir pour but la vérité pratique. Comme le poète l'a dit. Mais, quel but donner à la radio ?

Vous parlez d'un marchand de surettes avec sa barque, son layer, sa petite chaise de paille. Petite chaise basse au raz du trottoir ensoleillé.

Oui, c'est ainsi ce triste matin de Septembre, lorsque les loups montraient leurs crocs, dans les cours et les ruelles surpeuplées des portails. Ce jour-là ce fut un grand bruissement dans le quartier, dans mon quartier. D'une fenêtre à l'autre on interpellait les voisins. Avez-vous vu le marchand de surettes ?

Toute la rue l'avait remarqué, mais pourquoi me direz-vous un tel intérêt pour un humble et anonyme marchand de surettes, cherchant sa vie sur un trottoir balayé de soleil ?

Installé sous le soleil aveuglant d'une rue à sens unique. Pourquoi, mais justement à cause du soleil. Les passants et les riverains du quartier avaient en effet remarqué le côté incongru de cette installation. Le pauvre marchand affalé devant sa barque bourré à craquer, car il était bien achalandé. Là, à peine protégé par quelques rares feuilles d'amandier. Tandis qu'à quelques mètres en aval, plus loin de lui, il y avait un majestieux Bois d'Homme. Tellement touffu, tellement feuillie, tellement ombrageant qu'on aurait cru souffler une brise. Mais non.

Notre marchand de surettes dédaignait, méprisant l'abri protecteur du Bois d'Homme quelques mètres plus bas, pour s'accrocher têtu à ces quelques pouces carrés de trottoirs brulé de soleil.

On aurait dit, si c'était un blanc, il aurait apprécié le soleil. En général les blancs apprécient le soleil en Haiti. Mais un haitien qui en a un revend du soleil, qu'avait-il donc à faire sur ce bout de trottoir. De six heures du matin à huit heures du soir, qu'avait-il à faire ?

En fin de compte, ce marchand de surettes était placé là pour surveiller ce qui se passait chez Jean Léopold Dominique. Il possédait une radio pour appeler et donner des détails sur tout ce qu'il a vu.

Source : Radio Haiti Archives sur SoundCloud.com

Exploitations Minières

Reynolds Metals had a bauxite mine in Miragoâne for about 30 years

Background. Voici ce que nous avions écrit et publié sur le sujet.

Alerte ! On a trouvé de l'or !

L'un de mes amis vient de me dire avec tout l'enthousiasme et la fierté qu'elle pourrait entretenir :

-"on a découvert une mine d'or en Haïti, on ne va plus penser de nous comme des gens pauvres."

Sans nul doute, nos scélérats sont encore aux aguets ! Ils disent des choses inouïes rien que pour provoquer de pareilles réactions.

L'innocence des gens les portent à croire dans la moindre absurdité sortant de la bouche de nos dirigeants, eux-mêmes tout à fait malavisés.

238

La découverte des minerais n'élèvera point le standard de vie en Haïti. Nous avons tant d'exemples sur ces faits.

Prenons le cas du Nigéria, pays riche en pétrole, mais qui n'a rien créé en termes de richesses. Son système économique est similaire à celui d'Haïti. Une pyramide, dont les chefs ne fonctionnent qu'après les directives reçues de leur parrain immédiat.

Ces messieurs persistent dans l'erreur. Ils continuent cette route infernale, malgré les nombreux échecs essuyés. Aussi, souffrent-ils tous d'amnésie ? Se souviennent-ils de la compagnie Reynolds à Miragoâne qui exploitait la Bauxite ?

Quels dégâts environnementaux vont causer ces entreprises ? L'écologie haïtienne se trouvant dans un état qui laisse à désirer.

Aviez-vous visité Miragoâne ?

Les 40 milliards ne suffiront point pour restaurer l'aspect naturel des montagnes d'Haïti. C'est tout le monde qui s'en prend aux montagnes, pourtant ce sont elles qui protègent le pays des cyclones et autres intempéries.

Laissons tomber cette affaire pour éviter l'imminent désastre qui en résultera plus tard.

Radio Haïti-Inter, toujours au service du peuple haïtien, a fait le reportage suivant sur le sujet de l'exploitation minière, plus particulièrement sur la Reynolds, compagnie multinationale américaine qui a fait cette exploitation dans la région de Miragoâne, dans le Sud d'Haïti. Nous avons puisé dans les Archives de Radio Haïti-Inter, ce qui suit :

Le titre de l'émission s'appelle, Interface, une émission hebdomadaire d'actualité, disait la voix de la directrice en charge, la journaliste Michèle Montas.

Elle dit : "Interface ! Bilan et perspective sur l'actualité cette semaine, préparé par l'équipe d'information d'Haïti-Inter.

Interface ! Une émission hebdomadaire d'actualité diffusée chaque Samedi à 13 heures et le Dimanche à 11 heures. Emission spéciale aujourd'hui, en cette fin de semaine des 31 mai et 1er juin, Marvel Dendain et Harold Isaac ont enquêtés pour vous sur une fermeture éventuelle de la Reynolds à Miragoâne.

Les rumeurs relatives à un imminent départ de la Reynolds Haïtian Mines se font de plus en plus persistantes et précise. Tout espoir qu'elles ne sont pas tous fantaisistes, d'autant que, autre certains indices précis, nous avons appris de source officieuse, que les négociations auront terminé mardi, réunissait à Port-au-Prince, les responsables de l'importante compagnie minière de Miragoâne et des officiels Haïtiens.

On ignore pour le moment ce qui a été décidé à l'issu de ces pourparlers. Du côté des employés et ouvriers de la Reynolds, les appréhensions ne font que croitre. Surtout à cause d'un certain nombre d'indices, qui donnent un cachet de sérieux aux rumeurs diverses.

Journaliste - Kounye-a èske nou pansé vrèman ke izine nan pwal fèmen ?

Employé - Forcément, oui !
Journaliste - A pati de kisa nou wè sa ?

Employé - A pati de jan ralantisman-an, ke nou wè tout bagay. Nou te konn toushe normalman. Pa egzamp, nan dyòb shofè-ya, gen nèg ki konn reyalize 4 san 5 san dola pa kenzènn. Alèkile nèg yo ap toushe 110, 120 dola, ou konprann? Ki pa reponn a bezwen yo, ou konprann? Konmanse gen shanjman, blan vinn di pagen overtime ankò, ou konprann? Pafwa Dryer-a konn kampe, ou konprann? Se Dryer-a ki tout konpayi-an, ou konprann? Rès travay konn rete-la, blan-an di kitel, wa fèl demen ou konprann?

Ou gen Mazouwa la-a, se limenm ki pou fè Dryer-a mashe. Blan-an di sal gen-là-a, li kont, li pap kòmande ankò, ou konprann ? Li prefere ou melanje sak genyen la-a avèk gazòy poul fè rès tan kel genyen-an, ou konprann ?

A pati di moman ke tout bagay sa yo fèmen. Koulye-a genw bès.

241

À ces indices relevés par les ouvriers de la Reynolds, il faut ajouter le départ depuis février de deux importants employés de l'entreprise. Un assistant manager, et un assistant du superintendant de la section entretien.

Malgré ces signes patents d'une éventuelle fermeture des installations de la Reynolds à Miragoâne. Contactés cette semaine, des responsables de la compagnie continuaient à observer un mutisme de faïence qui n'arrivait pas à convaincre l'enquêteur du caractère fantaisiste des rumeurs.

D'ailleurs, des brosaillants le sentier de l'information à la Reynolds et à Miragoâne, nous sommes nous-mêmes arrivés à la conclusion que divers facteurs pourraient justifier à un éventuel départ de la Reynolds Haitian Mines, parmi lesquels, et c'est là l'aspect le plus important de la question, le mode d'exploitation des gisements de Bauxite dont le rythme actuel suffit à épuiser en moins de deux ans les plus riches en Bauxite commercialisable des terres de la zone.

Signalons d'abord que la Reynolds aurait pris la décision d'arrêter l'exploitation de la Bauxite à Miragoâne, parce que, dit-on toujours, de source officieuse, la productivité devenant de plus en plus faible, a presqu'atteint aujourd'hui le seuil de non-rentabilité.

À première vue, une telle affirmation parait surprenante. En effet, dans le dernier contrat intervenu entre l'Etat haïtien et la Reynolds le 17 Novembre 1976, le taux de Silice prévu est de 2.88, et les prévisions portées à l'exploitation sur une durée d'environ huit ans à un rythme raisonnable de production. Qu'est-ce qui expliquent donc, aujourd'hui ces brusques perturbations ?

À la Reynolds certes, on refuse de confirmer l'imminence de la fermeture. Cependant, on admet volontiers que la réserve actuelle de Bauxite 4 000 000 de tonnes environ, a un taux moyen d'Alumine trop faible, contre un taux de plus en plus élevé de Silice, plus précisément de réactive Silice actuellement à près de 4%. Ces 4% déjà supérieur au 2.88 du contrat satisferont encore moins la compagnie qui exige actuellement 2% comme taux de Silice du minerai exporté.

Tous ces détails chiffrés alors tissent l'allure de notre reportage mais sont nécessaires pour comprendre un peu plus loin, le jeu macabre qui a abouti à cette situation.

Pour sortir de ce langage un peu trop technique, précisons que, premièrement, plus le pourcentage d'Alumine est élevé dans les minerais, plus ça fait l'affaire de la Reynolds, puisqu'en définitive, c'est en séparant l'Oxygène de l'Alumine qu'on obtient l'Aluminium proprement dit. Mais que, deuxièmement, plus le taux de réactive Silice est élevé, plus les difficultés et le coût de production de l'Aluminium sont élevés,

Ce fort taux d'Alumine qu'en faible taux de Silice est de moins en moins facile à obtenir, nous a expliqué l'ingénieur en chef de la production, M. Weiner Aubour qui travaille à la Reynolds depuis 27 ans.

-- À dire vrai, rezèv nou, rezèv zònn-nan est a 2%, rezèv zònn-nan, il y a quatre ans de cela, était à 3.3%. Il y a deux ans et demi, konpayi-an menm di au lieu de 3.3% pour ekspòte li, pou nou desann li a 2.6% Silice-la. Et l'année dernière, bureau mère-la pase enstruksyon, pour desann-li a 2%.

Haïti-Inter journaliste -- A kombyen dane ou panse ke zònn nan ap eksplwatab toujou pou Bauxite ?

Weiner Aubour -- Pou rezèv-nou, konpayi-an genyen à peu près disons 4 millions de tonnes nan zònn-nan toujou.

Alors, kòm yap eksplwatel avec une raison de faible teneur en Silice, les 4 millions de tonnes, pa genyen 3.3% ankò, li ogmante. Men, alors, il faut ajouter aussi en dessus de 4 million ke konpayi-an genyen, ke li en posesyon, il y a au moins 1 million et demi ankò a 2 millions ke mwen ta kapab ashte. Sak ta kapap pote rezèv-la, si konpayi-an te dispoze ashetel, ki ta kapap pòte rezèv-la entre 5 et 6 million.

Journaliste -- Ki eksplwatab sou kombyen ane konsa ?

Weiner Aubour -- O, disons, entre 8 et 10 ans.

Journaliste -- Ki fonksyon yon enjenyè nan-yon travay parèy ?

Weiner Aubour -- Enjenyè-a plase dabòr pou fè wout. Ensuite, parce qu'il y a une méthode de minage, ou pakap men-li nenpòt ki jan. Ou ka jwenn 2 zòn-n trè kole, ou pa genyen menm teneur-a, an diferan konpozan-yo, teneur-la varye. Donk fòk genyen yon enjenyè ki la pou kon-nen e byen tèl zòn-n, ki teneur d'Alumine kel genyen, ki teneur en Silice kel genyen, ki teneur en fer. Donk de fason poul kon-nen, paske yo mandew yon degre. Yo diw bon oke pa egzanp, koulye-a nou fèt pou nou eksplwaté-li a 2% de Silice. Donk il faut que enjenyè-a kon-nen les différentes zones. Poul kon-nen kòman poul fè melanj li, poul reste plus ou moins nan sa yo mandel-la, 2% de Silice et 50% d'Alumine.

244

Pwiske konpayi-an eksplwate depuis deux ans a yon teneur en Silice plus faible, se ke rezèv la vin-n ogmante en Silice.

Journaliste -- Nou vin-n gen mwen de terre dysponib avèk fèb teneur en Silice.

Ainsi, la Bauxite de Miragoâne, sous peu, ne sera plus commercialisable en raison même du processus de production choisi.

Les terres à faible teneur en Silice sont presque totalement épuisées pour satisfaire les exigences de cette multinationale.

Nous voici donc, aujourd'hui, devant un fait accompli qui, à la lumière de ces précieux renseignements sur les méthodes de productions, se présentent non plus comme la conséquence d'un caprice de la nature, mais plutôt comme le résultat d'un gaspillage, d'une mauvaise utilisation des ressources disponibles, uniquement pour le surprofit.

Weiner Aubour --- Dautfwa yo te kon explwatel au-dessus de 3% kel teye. Kòm ou te eksplwate li au-dessus de 3, nan tè ki gen nan zònn-nan nou gen au mwen pou 8 ans.

Avantaj kel genyen ladann lè-ou pran-li avèk yon fèb taux de Silice, c'est que traitement-an koutew mwen shè. Lè pou transformasyon-an koutew mwen shè. Paske ou anplwaye mwen de "ProxydeSoda". Plus que teneur en Silice-la elve, se plus ou oblije anplwaye de "ProxydeSoda."

Il se confirme donc qu'une des conditions essentielles, de ce qu'on appelle les techniques de productivité a été ici délibérément étorpillée uniquement pour maximiser les profits de la compagnie, les profits à court termes de la compagnie au détriment des intérêts haïtiens.

Pourtant cette condition, transposée dans le commerce, est chaque jour appliqué par le paysan de nos mornes. Eh, oui ! Le paysan illettré sait qu'il ne doit jamais laisser un seul client lui acheter tous ces plus beaux fruits. Il essaie toujours intelligemment, de glisser quelques mérilans de façon à écouler tout son stock. Il sait que s'il perd quelques centimes par unité, il est sûr de se rattraper sur la quantité.

Voilà ce qu'il faut comprendre du mélange des minerais à faible et à haute teneur en Silice qui, si y était appliqué, aurait au moins retardé l'échéance.

Mais, Tout s'enchaine admirablement, quand on essaie de retracer les faits   dans le temps. On constate en effet, que la compagnie a commencé à exporter   la Bauxite à un taux de plus en plus faible de réactive Silice il y a un peu plus de deux ans. En passant de 3.3 à 2.6, puis 2%. Or, comme par hasard, cette pratique a vu le jour au lendemain même des dernières négociations qui ont permis à l'état haïtien de recevoir une part moins injuste du gâteau.

Comme on le sait, le contrat initial, enfin contrat intervenu entre la Reynolds et l'Etat haïtien en 1944, Guy Pradel, territoire nationale, a été quatre fois amendé jusqu'après 1963 l'état ne percevait qu'un impôt de 0,85 dollars par tonnes   de Bauxite exportée et autres minerais.

246

L'amendement de 1971, a augmenté cette taxe de 5% en adoptant un nouveau taux de 0,50 dollars par tonnes sèches.

Enfin, le dernier et le plus important amendement du contrat de 1944, amendement signé en 1976, a porté brusquement les revenus de l'état haïtien sur la bauxite de 1,88 dollars par tonnes de Bauxite exporté à 11 dollars.

Tout se présente donc comme si la compagnie voulait à tout prix compenser son manque à gagner. Car la Reynolds a choisi justement le processus de production qui la soulage des restrictions fixées par ses obligations contractuelles.

De ce fait, en donnant 6 à 8 ans d'exploitations à profits de la mine, les prévisions étaient exactes. Si la Bauxite avait été toujours exporté aux taux moyen de Silice de la réserve totale, les profits de la compagnie seraient certes moindres, mais la production s'étalerait sur la période prévue, et la compagnie elle-même n'aurait même pas eue à supporter seule le cout du sacrifice.

En effet, dans le dernier contrat de 1976, dès que la Bauxite est exportée à un taux supérieur à celui exigé par le contrat, soit 2.88, l'état consent au principe d'une pénalisation de 1 dollar par variation unitaire de surplus.

À cet état, il est à se demander quel type d'intervention peut opérer l'état haïtien pour redresser la situation, vu que tout laisse croire qu'il était au courant de ce nouveau programme de la compagnie.

Le fait que la compagnie ait diminué sa production annuelle de 650 000 tonnes en 1978 à 550 000 tonnes en 1979 et envisage maintenant d'atteindre un chiffre de 400 000 tonnes laisse croire que l'état avait reçu un préavis quelconque de la compagnie comme il est prévu à l'article 3 de l'accord intervenu entre l'état haïtien et la Reynolds le 17 Novembre 1976.

Selon cet article en effet, la Reynolds exportera d'Haïti pour chacune des années 1977, 1978, 1979, 1980, 1981, un minimum de 650 000 tonnes longues de minerais secs de Bauxite. Ce tonnage sera réduit en cas de force majeure ou quand les conditions du marché requièrent une réduction mondiale ou régionale dans la production de la Bauxite par la Reynolds et ses compagnies affiliées.

Ce tonnage minimum sera réduit au pro-rata de la participation d'Haiti à l'approvisionnement en Bauxite de la Reynolds Michaels company aux Etats-Unis.

La Reynolds donnera un préavis écrit d'au moins soixante jours pour l'informer de toute réduction. Fin de citation.

Cet article requiert donc un avertissement de la compagnie à l'état en cas de réduction de la quantité de Bauxite à exporter. Mais, en ce qui concerne la qualité de la Bauxite, l'état dispose d'un indicateur sûr, la taxe dite de prélèvement. Cette taxe est fonction, entre autres, des pourcentages moyens d'Alumine et de Silice.

Sur ce dernier point, le contrat n'est pas rigide. Il laisse en effet une porte ouverte à d'éventuels manœuvres de la part de la compagnie. Au dernier alinéa de l'article 2, il est stipulé que si pour une raison quelconque, les représentants de l'état haïtien ne sont pas disponibles ou autrement n'ont pas fait les analyses des échantillons de Bauxite chargés à bord des bateaux, les déterminations faites par la Reynolds seront présumées correctes. Fin de citation.

Dans l'ensemble, il ressort de tout ce qu'il vient d'être dit, que l'état était au courant du changement de programme. Mais, compte tenu de cette situation, que peut-il pour empêcher à l'usine de foutre le camp ? Il y aurait-il un moyen terme, laquelle des deux parties peut-elle accepter de faire des concessions ?

Dans le cas d'un départ de la Reynolds, qu'adviendrait-il des installations abandonnées et des gisements de Bauxite inexploités ?

Journaliste -- Dans quelle mesure ou menm kòm teknisyen ou wè ke Leta Ayisyen ka pran jesyon min-n nan ? Li kontinwel epi l'explwatel limenm ?

Yon Anplwayé -- non.

Journaliste -- Eske se yon bagay ki posyb ?

L'ingénieur de l'Usine -- Li posyb d'otan plus que gen yon kadre. Yon kadre Ayisyen deja la. Mais alors le grand problème se deboushe.

Journaliste -- L'implantation de la Reynolds Haïtian mines à Miragoâne, ne s'effectua pas dans les meilleures conditions. On signale que les autorités de l'époque, remplissant intégralement leurs fonctions, ne désignèrent point sur les moyens de contraindre les paysans réticents à vendre leurs terres aux courtiers de l'usine.

Les alibis justifiant ces pratiques ne manquaient pas. La Reynolds était alors présentée comme un agent de développement de l'industrie en Haïti. Les carreaux de terres se vendaient à des prix apparemment alléchants pour l'époque. 300, 400 dollars. Mais quelques dépenses devaient garantir aux paysans son nouveau statut de prolétaire.

Sans terres, sans aucun bien que ses bras, le paysan n'avait plus d'autres alternatives que de vendre sa force de travailler à l'usine. Or, comme la Reynolds, ne pouvait pas élargir l'offre d'emploi, plus qu'elle le pouvait, les sans-travail émigrèrent vers d'autres contrées. Miragoâne et Port-au-Prince.

La violence de la pénétration de la Reynolds en Haïti eut donc pour premier effet, de désintégrer le monde rural de Miragoâne en détruisant du même coup l'économie agricole de la riche agriculture caféière de cette région du pays.

Désormais, Miragoâne et ses sections rurales devaient devenir parasitaires. C'est-à-dire essentiellement commercial.

Jusqu'à aujourd'hui, l'activité économique là-bas est toujours essentiellement commerciale. Le savon, le sucre, les matériaux de construction, les tissus etc. viennent de Port-au-Prince. Tandis que les vivres, la viande, les céréales, sont "importés" des localités rurales éloignées des centres d'extraction et de Petite Rivière de Nippes.

Ce statut parasitaire, cette dépendance de la vie économique Miragoânaise, ne s'explique certes pas uniquement par la Reynolds, une néfaste politique de centralisation, planifiée par la République de Port-au-Prince, fait du tort, pas seulement à Miragoâne, mais aussi à d'autres villes et régions du pays.

En ce sens, on pourrait rechercher en vain une compagnie Reynolds à Léogane, Saint Marc et dans d'autres villes d'Haïti. On n'en trouverait pas.

Mais, dans le cas de Miragoâne, le caractère agressif de la pénétration de la Reynolds dans l'économie, elle lui vaut bien cette réputation d'avoir été l'agent déterminant dans la faillite de l'économie régionale.

Une faible part des salaires perçus à l'usine est dépensée sur le marché Miragoânais. Ce qui entretient le statut parasitaire et donne l'illusion que, indirectement, la Reynolds assure un rythme régulier à la vie économique à Miragoâne.

Les ouvriers recevant un salaire relativement honorable, s'approvisionnent en produits de première nécessité pour eux et leurs familles à Miragoâne. Tandis que les bien-traités, c'est-à-dire les cadres, touchant dans l'ordre de 1 000 à \$2 000 par mois, regagnent Port-au-Prince, dès le weekend où ils dépensent le gros du magot.

Cela n'empêchera pas que, dans le fisc de la République, Miragoâne soit considéré comme la troisième ville du pays, après le Cap à rapporter de l'argent au pouvoir central. C'est ce qu'on a laissé entendre de source proche du service des contributions de Miragoâne.

Comble de paradoxe, toutefois, et d'autant plus étonnant que des chiffres qui n'ont pas pu être fournis. À cela, il faut ajouter que le service des contributions de Miragoâne ne perçoit qu'une partie de taxes imposées sur la Bauxite. Le reste est perçu à Port-au-Prince, de sorte que la Reynolds dépend directement de la capitale et n'a aucun compte à rendre aux autorités régionales.

De 1974 à 1977, les autorités haïtiennes se sont estimées très satisfaites des recettes tirées des exportations de Bauxite. Selon M Henri P. Bayard, dans une lettre ouverte à la presse en Mai 1978, les exportations de Bauxite pour la période couvrant les quatre ans de 1974 à 1977, ont totalisé 2 343 157 tonnes de minerais secs de Bauxite.

Les redevances payées par la Reynolds Haïtien Mines à l'Etat haïtien pendant cette période, se sont chiffrés à 175 306 444 gourdes 20 centimes. Fin de citation.

Auparavant, quand la Bauxite était donnée en cadeau à la Reynolds, à raison de 75 gourdes la tonne, alors qu'elle se vendait à 2 400, 2 750 gourdes la tonne sur le marché international. À cette époque, 1968-1973, la Reynolds exporta un total de 4 092 110 tonnes longues de minerais secs de Bauxite qui ont rapporté à l'Etat haïtien, approximativement, 35 805 962 gourdes. Un net décalage entre ces chiffres et ceux de la période allant de 1974 à 1977.

Selon la même source citée, il y a un instant, en 1977-1978, les taxes perçus pas l'Etat sur la Bauxite constituait une tranche appréciable dans les recettes gouvernementales en devise, et représentaient 13% du budget de fonctionnement de l'exercice fiscal.

Maintenant, plus question de s'enorgueillir du succès de la politique minière gouvernementale. La diminution régulière du taux d'exportation de la Bauxite, achève de réduire de façon substantielle les recettes publiques. De 650 000 tonnes métrique environ en 1977, la production de Bauxite a passée au chiffre approximatif de 600 000 tonnes en 1978, en 1979, le total des exportations a atteint le chiffre de 550 000 tonnes métrique. Et, cette année, fixée à 400 000 tonnes métrique, le chiffre selon les probabilités, risque de se situer en dessous de la projection à la fin de l'exercice en cours.

A l'article 3 du contrat intervenu entre l'Etat haïtien et la Reynolds en 1976, il est stipulé que cette compagnie exportera d'Haïti pour chacune des années 1977, 1978, 1979, 1980, 1981, 650 000 tonnes métrique de Bauxite.

La diminution régulière des exportations constatée aujourd'hui confirme le fait que, sont diminuées forcément, les espoirs placés par l'Etat haïtien sur la Reynolds.

Cette diminution régulière du taux des exportations, liées selon les sources proches de la Reynolds, à un épuisement à court terme, du gisement de Bauxite, était prédite déjà bien longtemps par des économistes haïtiens au moment même où après les négociations de 1974, c'était l'euphorie totale du côté du gouvernement où l'on croyait pouvoir tirer de la Reynolds pendant un bon bout de temps, des recettes plus ou moins appréciables.

L'économiste Georges Wherlé, écrivait déjà dans le numéro de Février 1978 de Conjonction, sous le titre Essai d'Analyse de nos réalités économiques, concernant la Bauxite, l'augmentation des recettes ne correspond pas à une amélioration des avantages pour le pays. Depuis l'augmentation des royalties concédées par la Reynolds Mining Co. en 1975, il y a eu une nette reprise dans l'exploitation de ces minerais. Mais, cela laisse présager une accélération dans le processus d'épuisement de ces minerais. Fin de citation.

De prophétie qu'elle était donc en 1978, cette sombre perspective qu'entrevoyait alors Georges Wherlé est maintenant une réalité concrète. L'imminence de la fermeture de l'usine se fait de plus en plus sentir, justifiant les appréhensions d'un personnel administratif et technique lequel représente en salaire une masse monétaire assez appréciable.

En effet, la Reynolds compte actuellement, 190 salariés dont 43 cadres administratifs et techniques et 147 ouvriers spécialisés et manuels. La semaine de travail à l'usine est de 40 heures sans les heures supplémentaires.

Cependant l'usine paye 48 heures à l'ouvrier à 79 centimes l'heure pour les plus bas salaires, ceux des ouvriers de quatrième classe, car il y en a quatre.

Le salaire mensuel peut avoisiner les 400 dollars et heures supplémentaires comprises, pour les ouvriers de première classe. Pour les cadres supérieurs, le plafond des salaires, se situe aux environs de $1 500 par mois avec des pics beaucoup plus importants pour les étrangers.

De plus, une augmentation générale de salaire, de 15 à 20% est accordée aux ouvriers, pratiquement tous les deux ans, à chaque renouvellement du contrat collectif par le syndicat.

Dans l'ensemble donc, les emplois à la Reynolds, passent relativement pour bien rémunéré. Parallèlement pourtant, les possibilités d'emploi ont été considérablement réduites de 1956 à 1980. Les 190 salariés actuels de la Reynolds indiquent une réduction de 14,4% de l'effectif par rapport à 1971, et de 76% par rapport à 1956.

En clair, le nombre d'emploi est passé de 800 au début des opérations de la compagnie, à 222 en 1971, pour se fixer à 190 aux termes des opérations. Trompant ainsi des espérances qui, naïvement certes, ne reposaient sur aucun engagement contractuel mais ce qui avait été pendant longtemps intelligemment nourri par la Reynolds pour faciliter son implantation dans la région.

La politique de l'emploi suivie par la compagnie, à ses débuts, répondant en effet deux objectifs sous le couvert d'une seule opération. D'abord, utiliser à fond la main-d'œuvre pléthorique et bon-marché en resort à une mécanisation alors incomplète principalement pour l'extraction du minerai. Ensuite et surtout, amener le paysan à vendre son lopin en faisant miroiter, en contrepartie, un salaire bien rémunéré.

Bien entendu, tout cela ne se passait pas sans heures. Certains, paysans étaient quand-même restés collé à cette terre qui produisait abondamment, il faut signaler, le café et les vivres alimentaires. Mais la fin justifiant les moyens, ceux qui évitaient ainsi le piège furent arrêtés et dépossédés sous la contrainte.

Toutefois, la Reynolds fournissait du travail. 800 emplois en 1956, et la réalité n'était donc que plus facilement gommé.

Cependant, une fois les pelles, les chargeurs mécaniques, ont débarqués l'ère d'exploitation constituée, estimée actuellement à 500 carreaux de terres, la musique changea brusquement de ton et de rythme.

La purge fut drastique, pour éliminer cette masse devenue inutile, et un très petit nombre de rescapés a eu la chance de se spécialiser et a pû garder une place à la compagnie. Mais, ces rescapés ont à leur charge, une longue file de proche-parents, moins chanceux, laissés sans terres et sans emploi, devenues prolétaire à cause de la Reynolds. Eux aussi ont contribués à grossir le nombre des mécontents.

Employé -- Ou menm ki ap reste ap vann jounen nan konpayi-an, ou bije responsab men-m 5 ou 6 fanmi pou kapab ba-yo manje, ede-yo avèk pitit-yo, avèk al lekòl pa-yo.

Journaliste -- Se paske konpayi-an pran tè-yo, moun yo vinn pa gen mwayen pou yo viv ankò ?

Employé - Wi, se sa suman, tè-a te kon fè kafe y te kon fè bwa, y te kon fè mayi, y te kon fè patat, li pat debwaze, ou men-m, men-m si nou rete yon distans ta mòn lòtbò-a. Men tout peyi-a finn debwaze, kotow ye-a van potew ap eksplwatew, ou pa jwenn anyen di tou pou kapab reziste.

Journaliste -- Si yon moun pa vle vann tè ?

Employé -- Se yon bagay tout moun kon-nen, yo arete-yo menen-yo Pòtoprens fèw fè konbyen jou prizon, konbinezon-major, konbinezon-prefè, konbinezon, bò-isit, la-ba, si ou pa vle vann yo ap lapidew, yap metew nan prizon kèlkonk.

Journaliste -- Sa ou tegen-là à lepòk ?

Employé -- A lepòk mwen potko nan travay, men m te tande pwogram moun-yo.

Journaliste -- Ki lè sa-a ?

Employé -- En 1950, 52 bagay konsa-yo.

Journaliste -- Yo pran tout tè sa yo ?

257

Employé -- depi en 1940. Depi en 40 yap pran tè, eksplwate tè. Yap vòlè tè, ashte, vann tè, fè wout. Men lè sa-a, yo vinn on pwoblèm yo amplwaye tout moun nèt, epi kouw gen twa mwa ou finn vann tout tè san yon papye pa siyen, twa mwa pase ou finn vann tout tè, imedyatman yo revoke tout moun.

Journaliste -- kijan bagay la kòmanse, izine nan te vann tè, bagay sa yo ?

Yon lòt anplwaye -- Yo te fèk kòmanse ap fè prospeksyon moun kap vann, mwen menm mwen te nan asha-a tou. Peyizan-an te vann konpayi-an tè-a à 300 dollars par carreaux. Sete yon eksplwatasyon considérable, 300 cent dollars nan men yon peyizan ki genyen 20, 30 fanmi pou mete pitit-li lekòl, après deux où trois mois li pagen kòb ankò.

Konpayi an te fèk anboshe-yo nan dyòb-la, apre twa mwa, yo fè konpresyon, yo voye-yo ale.

Journaliste -- Pouyo kagen yon ti dyòb, yo bayo travay. Apre twa mwa, yo revoke-yo?

Autre employé -- Cependant, habitan-an limenm ou ofril on dyòb, se dyòb pél, pikwa ou ba li, pa sa ? Après deux ans trois ans, konpayi-an ap vinn ak materyèl. Li pa bezwen bras d'homme ankò. Donk, moun sa-a sansel pa bezwenw. Sepa yon abu kel fèw, lè li pa bezwenw lan non, men li vinn avèk bras d'homme. Ou pa konn kondwi traktè, ou pa kondwi kamyon, ou pakon kondwi bulldozer, donk yo oblije voyew-ale. Certains habitans ki vle aprann anfin misye se yon gwo kiltivatè, yon gwo pwopriyetè en deyò, men misye se yon teknisyen li konn lodeur, li konn tout materyèl, jiska prezan lap boule.

Journaliste. Eské lè peyizan-an vle aprann konpayi-an peye poul aprann?

Autre employé -- Ou aprann lakay li-a menm.

Journaliste -- Olye yo revokew, yo montrew metye-a.

Autre employé -- Yo montrew metye-a.

Journaliste -- Men a pèl tegen plus moun, pou gwo materyèl sa yo gen mwens ? Menm si tout tevle tout pa tap jwenn plas ?

Autre employé -- Wi sesa.

Au cours d'une mutation plus lente et moins perceptible de son personnel, la Reynolds s'est faite une image étrangère à une communauté qui, en retour, lui paye d'indifférence sinon d'hostilité contre lui.

Source : Radio Haiti Archives on SoundCloud.com

Suivi : Article publié dimanche 3 septembre 2017
Titre : La Ruée vers l'Or
Pendant que vous dormiez, les mercantilistes haïtiens de connivence avec de puissants alliés, ont fait le coup.

L'Etat haïtien donna la permission d'exploitation d'or à une petite compagnie minière de la Caroline du Nord, le VCS mining.

Déception. Deux permis ont été octroyés. Nous ne connaissons pas les méthodes employées, pour l'exploration. Mais, la zone du Trou du Nord dont on parle est extrêmement sensible, géologiquement parlant, et pourrait occasionner une autre catastrophe sismique dans le Nord après le 7 mai 1842, mettant en danger l'existence de notre chère Citadelle et les restes du Palais Sans-Souci.

Les travaux de forage ont commencé, à quarante pieds, quelques rochers épars et de graviers, 160 pieds de profondeur, des cylindres de roches imprégnés d'or, 1 000 pieds de profondeur, les roches retournent en surface avec des raies de cuivre.

D'après les géologues, il existe au moins 1 milliard de potentiel en or dans deux régions.

En Avril les explorateurs ont trouvé une première couche signifiante en Argent, estimée entre 20 millions et 30 millions d'onces. Mais, le plus rentable serait le cuivre.

Les géologues estiment qu'il existe plus d'un million de tonnes dans une seule part de l'ensemble de terrain en exploration.

Sur le marché international, le cuivre se vend à $8 000 par tonne, l'Argent à $30 par once, et l'or à $1 600 par once.

Post-Scriptum:

Les découvertes de riches ressources, qu'elles soient diamants, pétrolières, provoquent souvent d'excellents débouchés économiques, mais présentent un grand risque de problèmes environnementaux, et sociaux. Le Chili, l'une des nations les plus riches de l'Amérique latine, est le plus grand exportateur de cuivre dans le monde, tirant un tiers de son revenu de l'exploitation des métaux. Le Pérou, possède l'une des économies dont la croissance est l'une des plus expansives au monde, a privatisé la plupart de ses mines au cours de ces dernières années, reçoit environ 20 pour cent de ses revenus totaux de l'industrie minière.

En outre, les mines à ciel ouvert, communes à travers le monde, dont les trous de cratères sont composés d'une série d'étapes massives en terrasses souterraines, des milliers de pieds en-dessous du sol. Lorsque ces ressources seront épuisées, généralement après 25 ans d'exploitations, les puits peuvent être remplis ou transformés en réservoirs. Dans de nombreux cas, les mines laissent de sérieux problèmes, dont la contamination de l'environnement, de communautés déplacées et le sommet des montagnes, totalement détruit.

Dégradation et contamination irréversible. Les réservoirs naturels d'eau potable qui alimentent toute la région, seraient en danger. Vous n'allez surtout pas dire que vous n'étiez pas au courant des conséquences.

Consultez le rapport de Radio-Haiti Inter sur l'exploitation minière de la Reynolds Haitian Mines au Miragoane, pour mieux comprendre ce qui va se passer en Haiti, à cause de la cupidité de nos dirigeants.

Comme toujours, ils trouvent une compagnie haitienne qu'ils achètent à vil prix. Des promesses de petits boulots, par-ci par-là. On négocie un permis d'exploration et d'exploitation pour un demi-siècle. Et voilà! Nous sommes pris dans l'engrenage d'un contrat qui n'est pas dans les intérets, à long termes, de la population. Après quelques années, ils plient bagages pour nous laisser vivre sur une terre totalement incultivable et contaminée.

Comme l'a dit le père Boulad, Maudit soit l'Argent!

A bon entendeur, salut!

Source:
http://www.nbcnews.com/id/47398045/ns/world_news-americas/t/gold-haiti-eyes-potential-billion-bonanza/#.WV4OmumQzIU

Charlemagne Péralte

Interview du Professeur Roger Gaillard sur Charlemagne Péralte, une réalisation de Radio Haïti-Inter par Jean Léopold Dominique.

Roger Gaillard, anniversaire qui touche certainement l'auteur des Blancs Débarquent, c'est un premier novembre qu'a été assassiné Charlemagne Péralte, à cette occasion, il serait bon qu'avec M. Roger Gaillard, on fasse le point.

D'abord, de la révolte de Charlemagne Péralte, et ensuite, de là, disons du fait que Charlemagne n'est pas mort.

Il y a d'abord quelque chose, Roger, l'année 1986, a été l'année Charlemagne Péralte. Tu as dû être content ?

RG - Comme tout le monde, oui.

JLD - Et quand tu mets la main à la poche et que tu sors une pièce de cinquante kòb, toi aussi, tu es content.

RG-- Ah, oui pas de doute.

JLD-- Qu'est-ce que cela représente pour toi ? Toi, Roger Gaillard, celui qui a redécouvert Charlemagne ? Cet hommage national rendu au grand Cacos ?

RG -- Cela représente d'abord pour moi, une crainte de récupération. Euh, Charlemagne Péralte est représenté comme Héros national, fils de Dessalines, alors qu'il est plus que ça. Et, Charlemagne Péralte pour moi, représente une leçon de vigilance à l'égard des forces étrangères, et spécialement, à l'égard de l'Impérialisme américain en Haïti.

Evidemment, au temps de Charlemagne Péralte, c'était l'occupation américaine. L'impérialisme américain était présent militairement en Haïti.

Mais, déjà cet impérialisme cherchait à s'installer dans des plantations, à s'emparer de terres, et surtout, ce qu'il ne faut pas oublier, c'est que la National CitiBank voulait évacuer du pays la Banque de l'Union Parisienne et les intérêts Allemands.

JLD --Il s'agissait donc, selon toi, au moment de l'occupation américaine, d'une stratégie à plusieurs volets ?

RG -- Oui.

JLD -- Economique, financière, altérienne, et enfin, politique.

RG -- Mais, je crois que, fondamentalement, le niveau premier a été, de rivalité inter-impérialiste. C'est à dire que, bon, tout le monde le sait, je vais aller très vite là-dessus, ce que l'ouverture du Canal du Panama avait provoqué chez les américains, le désir d'empêcher que des bateaux de guerre Européens viennent circuler dans la Caraïbe.

Or nos dettes qui étaient surtout contractées en Europe, semblaient justifier ces visites intempestives de canonnières, française, anglaise, ou allemande, et les américains ont décidé, le gouvernement américain a décidé de s'emparer de nos douanes pour payer nos dettes et de charger une banque américaine, la National CitiBank, de paiement des dettes et de la gestion des finances haïtiennes.

Et grâce au fait que pendant la première guerre mondiale, la France était occupée, et l'Allemagne allait être vaincue. Eh bien, c'était facile pour la National CitiBank de s'emparer de ces actions, de prendre ces actions, et d'occuper le pays. Cela c'est le volet financier.

A partir de ce moment-là, nous sommes entrés sous la croupe de l'impérialisme américain. C'est-à-dire que les compagnies monopolistes américaines avaient institué un état haïtien à leur service. Et nous passons ainsi au second volet dont tu parles, qui est le volet agraire.

Nous avons vu apparaitre, dès 1916, des hommes d'affaires américains, liés, pour ne pas dire acoquinés à des hommes d'affaires haïtiens. Les haïtiens disaient, nous avons un peuple admirable qui travaille bien, nous avons des ressources comme tous les pays de la Caraïbe. Mais, ce qu'il nous manque c'est l'argent, c'est le capital. Et le capital, la banque américaine va nous le donner.

Eh bien, nous avons eu en 1916, 1917, 1918 une tentative de mainmise sur les terres par les forces de l'occupation et la bourgeoisie, la classe dominante. Cela c'est le deuxième niveau dont tu parlais.

Puis, il y a bien sur le niveau militaire, bien sûr, la formation de la gendarmerie, le niveau administratif. Créer une administration pour que cette administration puisse rembourser à la National Citibank les dettes Européennes prises en charge par cette National Citibank.

Tout a été intéressé. Les routes. Faire des routes de pénétration, comme tout le monde le sait, pour permettre le déplacement rapide des forces de l'oppression militaire. Je vais dire autre chose tout de suite, c'est que on m'arrête parfois, on me dit oui mais, ce n'est pas aux américains seulement que ces changements servaient, il a eu des hôpitaux, des cliniques, il y a eu sur du point de l'hygiène, du point de vue sanitaire certains progrès. Oui ceci est vrai et je m'empresse d'ajouter que cette tâche élémentaire de construction de la société, ce sont des tâches qui doivent être effectuées, et qui ont été effectuées dans tout autre pays par la classe dominante, c'est-à-dire, par la bourgeoisie. Or, la bourgeoisie haïtienne s'est montrée incapable de remplir son rôle historique.

266

Elle a appelé les américains, parce qu'il y avait les Cacos, il y avait "l'anarchie." Cette classe avait les mains brisées. Elle a appelé l'occupant, et l'occupant l'a poussée du dos, et s'est occupée des routes, s'est occupée à sa place. C'est une honte pour cette classe dominante là avant d'être une honte pour la nation.

Voici à peu près les divers niveaux.

JLD -- En d'autres termes, tu veux dire par là que cette classe dominante, n'assumait pas son rôle dirigeant dans le pays. Capable de gérer l'état et de faire ce que tout état qui se respecte doit faire - des choses élémentaires - Et que cette classe dominante devant ce constat d'impuissance, entre les années 1912, 1915, a directement ou indirectement fait appel à quelqu'un d'autre pour prendre sa place.

RG - Voilà !

JLD -- Bon, mais, ceci nous amène et ne nous écarte pas de Charlemagne Péralte. Celui aujourd'hui dont nous allons célébrer la mémoire et tentant d'éviter ce que tu appelles la récupération, j'aurais aimé que tu m'expliques un peu mieux, ce que tu entends par récupération du Héros national ? Et ensuite d'essayer de situer son combat, de situer d'une façon précise. Voici ma question là-dessus. Quelque part dans Charlemagne Péralte le Cacos qui est le sixième volet d'asuite, sur les Blancs Débarquent, tu dis, Charlemagne Péralte en faisant un peu le bilan de son action, tu dis Charlemagne Péralte a mené un combat patriotique, pour la défense du territoire nationale, un combat anti-américain, puisqu'il levait des troupes contre les troupes d'occupations américaines, mais tu fais des réserves sur un concept, qui, à l'époque devenait un concept d'actualité.

N'oublions pas que quelques années plus tard, et tu me rappelles fort justement, quelqu'un comme lui, Augusto Sandino, au Nicaragua, lève l'étendard d'une révolte anti-impérialiste. Et tu dis que dans ce cas, il ne s'agissait pas encore avec Charlemagne Péralte d'anti-impérialisme. Peux-tu faire pour nos auditeurs le distinguo, la différence entre les deux types de combats ?

RG --- Assez brièvement. Euh, je dirai qu'avec l'impérialisme, l'état de pays occupé, aliéné, se met au service du capital étranger, se met au service des monopoles étrangers. Cela dit, une lutte nationale contre l'étranger ne peut pas ne pas être en même temps une lutte révolutionnaire contre les alliés de ces étrangers dans le pays. Mais, la lutte anti-impérialiste, telle que nous l'avons vu se développer au Nicaragua plus tard, était telle que ce fut dans d'autres pays, touche le capital.

Touche les intérêts économiques. Et, ces intérêts économiques encore une fois, sont des intérêts ou se rencontrent deux forces qui se combinent. La puissance dominante et l'élite locale. Dans le cas de Charlemagne, sa pensée n'est pas allée aussi loin.

Eh, fils de grand propriétaire terrien, nous y reviendrons, élève à Saint-Louis de Gonzague et ancien pangnol, d'origine pangnol, homme qui ne connaissait pas le problème de noirs et de mulâtres. Donc vraiment un haïtien qui aime son pays, nationaliste et fils de Dessalines. Mais, il ne voyait pas du tout, il n'avait pas du tout en perspective une remise en question de la structure sociale, de la structure de la propriété en Haïti.

Et même à un certain moment, il a pensé qu'avec l'aide des Etats-Unis, l'aide des financiers américains, on pourrait rénover, moderniser le pays haïtien, mais il ne voyait pas que, il fallait moderniser le pays haïtien avec une nouvelle classe dominante qui n'est pas une classe nationale.

JLD -- Je me rappelle, un passage l'étude de Roger Gaillard sur Charlemagne Péralte le Cacos. Passage relatif à une "fameuse" lettre, fameuse entre guillemets, que tu qualifies, par moments d'apocryphe.

RG -- Ouais.

JLD -- Lettre attribuée à Charlemagne Péralte et destinée au diplomate britannique et qui serait une sorte d'appel du pied de Charlemagne, lequel désireux de prendre le pouvoir à la manière traditionnelle haïtienne, pendant son combat contre les marines, laisse entendre que s'il y a un accord réalisé sur le dos de Sud Dartiguenave au pouvoir, on pourrait arriver à même des occupations, à une entente pour la modernisation du pays. Ce n'est pas en gros cela ?

RG -- Bien sûr.

JDL -- Cette lettre est apocryphe, mais tu sembles dire que, bien qu'apocryphe, elle refléterait quand même une certaine tendance politique de Charlemagne Péralte.

RG -- Elle refléterait sa tendance politique, mais surtout, encore plus, elle allait dans un courant dominant des patriotes haïtiens. Et c'est cette récupération dont on parlait toute à l'heure qui commence à cette époque-là.

269

Faire de Charlemagne Péralte qui est objectivement anti-impérialiste, mais faire de lui un nationaliste bourgeois, purement et simplement. Et, un patriote, mais nationaliste bourgeois qui est pour le maintien de l'état d'oppression de la paysannerie, et de la soumission de la structure agraire dans laquelle elle vit. Alors, euh, ta question de savoir si Charlemagne pouvait aller plus loin ? Oui, je ne pense pas qu'il pouvait aller plus loin.

Malgré tout, il ne pouvait pas aller plus loin. Pour beaucoup de raisons. Tout d'abord, euh, l'époque. Nous sommes en 1918, 1919, la révolution Russe date de 1917.

Cette révolution Russe qui a secoué la structure du monde capitaliste, ne deviendra un modèle, un exemple, un phare entre les deux guerres un peu beaucoup plus tard. Et deuxièmement, le mouvement, après la deuxième guerre mondiale, il y a eu l'éclatement des pays Européens comme l'Allemagne. Après la première et la montée des syndicats, la montée des ouvriers, la montée du peuple qui réclame, des paysans qui réclament une vie meilleure, qui réclame une nouvelle société. Et, Charlemagne en Haïti, nous en Haïti, en 1918, 1919, nous ignorions tout cela et nous n'avions pas le soutien des progressistes.

Charlemagne n'a jamais bénéficié du soutien des progressistes occidentaux, des alliés naturels des cultivateurs haïtiens qui croient qu'ils sont blancs sans doute, mais sont les alliés naturels, c'est-à-dire, des libéraux américains et progressistes...

Ce n'est pas la même chose avec Sandino…

Il y a eu des congrès, Sandino a été soutenu. Charlemagne ne pourrait pas aller plus loin, d'une part, parce qu'il n'était pas préparé pour aller plus loin, d'autre part, parce que le milieu haitien n'était pas sufisamment éclairé, ouvert pour l'aider. A l'époque dans laquelle il vivait, les guides, les modèles, les directions et les pistes que nous pourrions avoir de l'étranger, eh bien, ces pistes n'ont pas été offertes.

Parce qu'à l'étranger, les forces progressistes, les forces démocratiques, les forces combattantes pour les droits humains et élémentaires étaient occupées à autres choses d'une part, la guerre mondiale. D'autre part, la ligue qui a été faite par les puissances capitalistes et occidentales pour écraser la jeune Union Soviétique.

JLD -- Voilà donc les limites du mouvement de Charlemagne Péralte, et, Roger, il est important, je crois de souligner une autre chose. Tu l'as dit aussi dans ton livre, Charlemagne Péralte était un admirateur de Rosalvo Bobo ? Lequel posait les problèmes différemment, que même à l'époque où il sentait venir le besoin d'épprouver les Américains de contrôler nos douanes. Voyez l'exemple à côté, la République Dominicaine. De ces douanes sous vérule Américaine. Et lui, il avait quand-même une autre vision. Alors de l'un à l'autre il y a eu une espèce de rupture peut-être ?

Malgré l'affiliation, malgré peut-être que on a toujours dit que Charlemagne voulait installer Rosalvo Bobo au pouvoir ?

RG -- C'est ça. Euh, je crois qu'il faut remonter à Antoine Simon. Antoine Simon qui a eu la compagnie McDonald, Roger Farlane a commencé à s'implanter dans le pays.

JLD -- Disons pour les auditeurs qui ne le connaissent pas que Farlane a été l'agent d'exécution de la politique de la National Citibank.

RG -- Vice directeur de la National Citibank. Il a beaucoup fréquenté Haiti. Et il voulait que le capital Américain puisse fructifier en Haiti. Et c'est sous Antoine Simon que le plus grand nombre de contrats avec des compagnies étrangères comme le chemin de fer par exemple, avec Tippenhauer, je crois, et la figue banane ont été signés.

Et Bobo, au départ a dit non. Il s'est opposé à cette intrusion du capital financier étranger dans le pays. Capital financier qui est exactement la forme du capital que l'impérialisme prend du stade il apparait au début de ce siècle. Et, Charlemagne arrive sur la scène politique comme lieutenant de Bobo.

Bobo, pendant la campagne présidentielle. Qui serait élu, Dartiguenave ou Bobo ? Charlemagne prend position sans dire un mot à Bobo. De l'arrondissement de Léogane, il écrit au député sénateur, il fait un portrait de l'homme qu'il faut choisir et ce portrait, c'est Bobo.

Alors je crois que Charlemagne connaissait ses limites à lui. Il connaissait son manque de vision globale, de la politique haitienne, de la politique mondiale. Mais, livré à lui-même dans ces bois, et puis il perdait espoir, parfois, ou l'espoir ne galvanisant pas à certains moments.

JLD -- Sans liens avec ses progressistes de la ville qui prendront la relève quelques années plus tard.

RG -- Voilà. Eh bien Charlemagne a été amené à croire que ce capital financier pouvait être accepté par la classe dirigeante haitienne par la bourgeoisie agraire afin qu'elle même, cette bourgeoisie puisse permettre le renouveau du pays.

JLD -- Et moderniser...

RG -- Et moderniser.

JLD -- Et ces limites là encore, puisque nous y sommes, tu le signales toi-même dans un nouveau chapitre du Charlemagne Péralte, le Cacos, par une description du personnage.

RG -- Ouais.

JLD -- Il ne faut pas oublier une chose. C'est que Charlemagne Péralte est un Gran Don de la région de Hinche, capable, lorsqu'il sent les choses ne vont pas dans le pays, de se mettre à cheval de passer son foulard rouge autour du cou, qui est le signe de la révolte Cacos, de prendre sa carabine, et de sonner la cloche de l'habitation pour qu'alors ses soldats le suivent. Voilà là un geste qui est typique du Gran Don.

RG -- Ouais.

JLD -- Il sait très bien qu'il n'a pas à solliciter ses serfs, ses serviteurs sur l'habitation. Il sonne la cloche et eux ils savent qu'ils doivent prendre leurs fusils et suivre le général.

RG -- Ouais... Alor, évidemment il faut faire une distinction peut-être entre la région du Plateau Central et la Région du Nord, du côté d'Ouanaminthe. Parce qu'effectivement, les Grands Dons du Nord avaient leurs domaines énormes, et ils sonnaient la cloche de l'atelier pour lever des hommes afin d'aller charger le président qui est à Port-au-Prince. Ces hommes qu'il levait, c'étaient des Cacos. Dans le Plateau Central, c'est un peu différent parce que c'est une région d'élevage ou le problème de la terre ne se pose pas. Et ces Cacos du côté d'Ouanaminthe suivaient leur grand propriétaire, suivaient leurs maitres de terre, parce qu'ils ne disposaient pas assez de terre pour eux-mêmes.

Alors Charlemagne, en fait la famille de Charlemagne, pas seulement Charlemagne, non seulement Charlemagne était un grand monsieur, mais Charlemagne appartenait à une famille de grands messieurs.

Et c'est important en Haiti et specialement en Province d'appartenir à une tribu, à un clan. Alors, il y avait Macenat Péralte, il y avait Saud Péralte, il y avait Juan Peralta qui venait de la partie Espagnole. Et ils avaient tous été sénateurs, députés, généraux comme dans l'arrondissement, Officier d'Etat Civil, Magistrat Communal.

Et Charlemagne est donc quelqu'un qui appartient objectivement à la classe dominante rurale du pays haitien. Mais, on peut appartenir à une classe dominante rurale et être un patriote, nationaliste comme on dit. Par exemple dans la deuxième guerre mondiale en France, la bourgeoisie française en partie, avait rejoint le mouvement de la résistance.

Alors cela nous fait voir encore les limitations de Charlemagne. Voilà un homme qui est un patriote sincère. Voilà un homme qui est soudé à son peuple, mais c'est un individu qui ne peut pas imaginer une réforme agraire, par exemple. Il ne peut pas imaginer une redistribution de terres. Pour lui la modernisation ne peut se faire qu'avec l'aide du capital, qu'avec l'aide de la grande finance. Cette grande finance et les finances de la ville. Cette grande finance et les finances des Etats-Unis.

JLD -- Mais venu aider le gros foncier, héritier d'une tradition d'hommes d'élites, d'hommes bien préparés et capable d'assurer cette modernisation avec l'argent Américain.

RG -- C'est un rêve que beaucoup d'entre nous, quel est ce rêve? Les Etats-Unis sont une grande puissance on ne peut pas se permettre de se lutter contre. On peut pourtant s'entendre avec leur argent, s'entendre avec leurs experts, on peut pourtant faire la part du feu et collaborer avec eux, pour que le pays puisse se développer, que nous puissions développer le pays avec eux.

Ce n'est pas le cas de Bobo, je crois, Charlemagne, a un moment a cru qu'une telle conciliation d'intérêts était possible.

Euh, je crois personnellement que cette conciliation d'intérêts est possible mais qu'on mette des limites, les limites nationales, populaires ou paysannes, les limites sociales.

JLD -- Ce qui nous amène à la dernière question qui nous intéresse Roger Gaillard et moi, en ce jour de célébration de l'assassinat, il faut bien le dire, de Charlemagne Péralte.

Ce qui nous amène à la question actuelle, Charlemagne Péralte, tourjours vivant ? L'année 1986 l'a prouvée. Et pas seulement la célébration officielle, des voyages à Hinche, mais le sentiment de la jeunesse haitienne, le sentiment de la paysannerie haitienne, que le grand Cacos est au coeur de tout haitien. Ce qui nous amène à la question actualité de la lutte de Charlemagne Péralte.

Actualité de son combat, Roger Gaillard ?

RG -- Charlemagne Péralte est devenu et devient pour la plupart des gens, celui qui a dit non à l'étranger, qui a dit non à l'oppression étrangère. Et je crois qu'aujourd'hui chez nous, l'étranger qui domine, l'étranger qui menace d'opprimer, qui opprime, cet étranger c'est l'impérialisme Américain.

Et on nous demande parfois, comment expliquer qu'il y ait cet anti-Américanisme tellement violent dans le pays aussi bien parmi les petites gens que déjà parmi des gens de notre société ?

La semaine dernière j'ai rencontré une dame qui m'a dit, Ameriken se yon raski move. J'ai dû relever la damme, je l'ai dit, anben nan pwen yon raski move. Ou ka dim ke politisyen ameriken move, men sepa yon raski move.

Il y a donc une espèce d'agression à l'égard de la culture américaine, de la famille américaine, de la communauté américaine. Certes nous le savons, l'Amérique c'est une république, mais la culture là-bas, elle a une culture raciste.

Mais cette espèce d'agression à l'égard de la culture américaine s'explique par le fait que de nombreux haitiens qui ont vécus là-bas ont subis la domination, l'oppression, le mépris de cette culture.

JLD -- L'aliénation.

RG -- L'aliénation et sont nègres, et sont vodouisants, ils parlent une langue étrange, créole, ils sont les boat people, et ils sont des tontons macoutes, et le clou de tout, ils ont le SIDA.

Tous porteurs de SIDA. Alors, il y a une espèce de rancoeur de rancunes de la part de nos jeunes compatriotes et qui ont vécus aux Etats-Unis.

JLD -- Mais ne nous écartons pas de notre propos pour tenter de leur dire à ceux-là qui nous écoute et qui ont peut-être passés des années aux Etats-Unis, qu'il y a une leçon au Péraltisme. Il y a une leçon à tirer de la lutte Péraltiste en Haiti et cette leçon et plus actuelle que jamais.

Roger, j'ai noté quelques choses d'extrêmement intéressant, au début de la série Les Blancs Débarquent, je crois que c'était au début de la République Autoritaire quand tu plaçais le cadre, tu expliquais le cas de l'intervention américaine, tu as, comme tu l'as dit tout à l'heure d'ailleurs, tu as précisé comment la pénétration financière a précédé la pénétration économique ou plutôt la tentative de pénétration économique en racontant comment dans

Le Nouvelliste de l'époque, on annonçait à grand fracas, de grands titres, l'arrivée de tels specialistes ou bien de tels financiers qui venaient pour apporter de l'argent etc., etc.

Oui, il y a eu pendant une époque cette ruée du capital américain sur l'économie haitienne. Cela s'est traduit par la HASCO, par deux ou trois usines dans le Nord et même au Plateau Central, il y a eu une usine d'huiles... ou de Césame ou quelque chose de ce genre, et quand on se pose la question, qu'est-il resté de tout cela ?

La HASCO, la plantation Dauphin quelques années après, Bayeux, et puis, comme dit Pyram, anyen ! On se pose la question, pourquoi ? Pourquoi cet arrêt ? Pourquoi brusquement ce bloquage ?

Là, il y a une sorte de marquez le pas devant la pénétration qui a réussi à Cuba, qui a réussi en République Dominicaine, qui a réussi même en Amérique Centrale ou le capital américain a occupé les terres, pour la figue banane... Alors j'ai émis une hypothèse alors j'ai la joie aujourd'hui de pouvoir, de la soumettre immédiatement, je me dis en définitive, c'est peut-être Péralte et Batraville qui ont gagné tout en perdant leurs vies.

Parce que, à un certain moment, pour arrêter la guérilla, il y a eu la réponse classique de tout pouvoir luttant contre la guerilla, vider, vider le milieu ambiant de la guerilla de son eau, de façon à ce que le poisson se désèche.

RG -- Ouais.

JLD -- Et Dartiguenave arrête donc la corvée. Il déclare qu'urbi et orbi que c'est terminé, ne prendre plus les paysans, pour les mettre sous cordes, bon ça c'est la première étape. Et la deuxième étape a été que, sans le dire, il n'y aura plus, pendant longtemps, de tentatives d'accaparement de terres.

La confirmation de mon hypothèse nous est donné quelques années plus tard lorsque toute chose étant pacifié, il y a une réactivation du processus d'investissement économique américain dans la terre agricole haitienne pour la constitution de grands ensembles, la canne à sure entres autres.

Dans le Sud du Pays, les lois sur l'alcool sont prises, mais il ne s'agissait pas à l'époque de luttes prohibitives pour détourner les haitiens de la consomation du kléren et de l'alcool. Il s'agissait de ruiner les guildiviers. De façon, dans une deuxième étape faire main basse sur les terres. Mais, Marchaterre a là encore stoppé le processus.

J'estime que la lutte armée de Charlemagne et de Benoit, ont eus pour effet de bloquer la pénétration du capital américain dans la campagne et d'arrêter ainsi une forme d'occupation économique.

RG -- Je crois que ton Hypothèse est extrêmement intéressante et mérite d'être posée, surtout que nous pouvons ajouter à ce que tu as dit que le mouvement Cacos en 1911, sous Antoine Simon, ce mouvement paysan anti-Antoine Simon est lié à la construction du chemin de fer de McDonald de Port-au-Prince, au Cap Haitien. Et les paysans se disaient, mais qu'est-ce que c'est que ces rails qui vont passer en plein coeur de chez nous avec un droit sur deux kilomètres de chaque côté.

Et alors d'où la facilité avec laquelle les Caudillos ont pu soulever ces paysans et leur dire que c'est vos terres qui sont menacés.

JLD -- Merci, Roger Gaillard, Charlemagne Péralte est vivant, il n'est pas mort.

Merci, Roger.

RG -- Souhaitons-le.

Souvenir :

L'un des membres de la famille de Charlemagne Péralte habitait dans le même quartier que moi, son nom était Dupéra Péralte. Il était Député de Las Caobas lorsqu'il invita tous les joueurs de football du quartier à un match amical avec une équipe de Las Caobas. L'auteur faisait partie de cette équipe de football.

Dupéra Péralte était un homme distingué et on nous avait reçu là-bas comme des princes. Je ne me souviens pas du score final.

Source : Radio Haiti Archives on SoundCloud.com

Note : Roger Gaillard était mon professeur d'histoire en classe terminale.

Urbanisme ou Utopie

Au microphone, Jean Léopold Dominique.

JLD --Bonjour mesdames, bonjour mesdemoiselles, bonjour messieurs, Haiti-Inter. 7 heures 10 minutes aujourd'hui jeudi 28 semtembre   1974. Petite chronique de l'haitianité.

Sous le titre d'Urbanisme ou Utopie, nous jetterons ce matin un coup d'oeil sur la boue. La boue dans laquelle vous allez patauger, mesdames, mesdemoiselles et messieurs les chauffeurs, après avoir pris gentillement votre voiture, si elle démarre. Car la pluie, l'averse lavalasse d'hier a donné bien des problèmes à chacun. Bien des soucis.

Si, ça et là, il y en avait des voitures victimes de l'avalanche. Mais, une petite note d'optimisme. Pen quand vous pataugerez, si jamais la roue arrière gauche tourne et tourne et refuse de pousser. Pensez que vous pataugez non dans la boue, mais de la terre nourricière qui nous vient du morne l'Hôpital.

Elle aurait pu aussi produire du café du cacao ou tout simplement des plantes ornementales qui agrémenteraient la vue de Port-au-Prince, mais hélas, nous ne sommes pas encore là.

Il est vrai que les urbanistes nous promettent pour 1986 quelque chose de mieux.

L'horizon 1986, on l'a évoqué récemment à l'Institut français et nous avons fait l'écho de plusieurs témoignages officiels ou privés sur le projet de plannification physique et l'aménagement du territoire auquel travaille en coopération avec les services d'urbanisme du département des travaux publics une comission des Nations Unies.

Nous avons rendu compte ici les interventions des spécialistes comme l'ingénieur Benjamin, l'architecte Mangonès et l'ingénieur Jadotte et comme je le disais, un géographe hier encore nous en parlait, lui qui a travaillé avec la commission des Nations Unies Mr. Philippe.

Ils faisaient à l'institut français un documentaire exposé sur le Port-Au-Prince des années 1986.

Beaux et laborieux projets qui nous préparent pour demain une ville plus vivable. Mais, aujourd'hui comment sont les choses ?

Aujourd'hui, eh bien, Le Nouvelliste d'hier reprenait justement une information du Matin Haiti et ses Problèmes, vous parlant... tiens, je lis, Le Matin dénonce la formation d'un véritable bidonville à l'entrée de l'Avenue Hailé Sélasié, non loin de la neuve Chez Maxime.

Signalons le phénomène alarmant dans tous le secteur compris entre l'Avenue François Duvalier menant à Delmas et la région de Bourdon.

Les bidonsvilles se multiplient, les bidonvilles s'étendent dangereusement en Haiti, mais n'y a-t-il que cela ?

Car le problème des bidonsvilles a été abordé très savemment par les urbanistes du projet de plannification physique. Ils nous ont même expliqué comme nous avons rendu compte, que 58% de la population, vivaient sur environ 12 ou 13% du territoire de la ville.

Scandale, scandale ! Mais, il y a d'autres scandales. Au dire même des plannificateurs, les choses donc sont au pire. Aggravation des taudis, extention anarchique de l'habitat aisé dans les zones sans infrastructures, sans eaux, sans électricité, sans téléphones, sans égouts, sans routes. Dégradation des collines avoisinnant Port-au-Prince. Pas seulement le beau, mais inquiétant le morne l'hôpital.

De plaies puantes sous nos yeux. Symboles de notre incurie, mais aussi les bassins d'alimentation. Les sources d'eau potables qui sont en voie de pullution rapide. La liste pourrait s'allonger indéfiniment.

Mais il ne s'agit plus ici de reprendre les éléments d'un dossier qui a été souvent exposé et beaucoup plus savemment que dans le cadre d'une chronique de radio.

Nous voulons seulement attirer l'attention des responsables sur une contradiction. L'on nous parle de l'horizon 1986 comme si à cette date, année zéro de l'urbanisme pourrait commencer, tout pourrait démarrer, tout pourrait être appliqué. Tout serait possible, mais à présent, n'y a-t-il rien que l'on puisse faire pour empêcher le lotissement sauvage dans les zones d'alimentation de sources qui nous approvisionnent. Si on laisse faire à Bourdon, à Turgeot, à Canapé-Vert ? Comment pourra-t-on demain redresser la situation ?

Est-ce que nous allons tous mourrir de soif dans une ville que l'on nous promet en 1986 si belle et si vivable.

Même avec le plus beau plan d'urbanisme en main, lorsque sur cette auto piste de Delmas, on laisse construire des immeubles au carrefour de l'Avenue Hailé Sélassié par exemple.

Voyez cet imeuble, vous débouchez l'Avenue Hailé Sélassié, vous arrivez sur Delmas, et au lieu, comme l'esprit rationnel l'imaginerait, poursuivre directement vers la Ruelle Nazon, on vous fait un coude, rappelons ce coude est resté des années un terrain vague.

Pourquoi alors n'a-t-on pas entrepris de raccorder les deux bouts de la route ? Ce qui ferait une avenue royale. Mais non, on laisse aller. Même avec les plus beaux plans d'urbanisme donc, lorsque cette auto piste sera prête, tandis qu'il y aura été plus facile d'opérer la jonction avec la ruelle nazon sans ce coude disgracieux et inesthétique.

Un service de maintien, de la stricte décense urbaine, disons un service d'urbanisme, peut-il redresser ces petites erreurs ? Alors si ce n'est pas possible aujourd'hui, demain quel travail d'Hercule pour déloger d'énormes immeubles, détruire des batiment, rectifier l'alignement d'une rue, délottir si l'on ose dire et peut-être indemniser ceux qui ont manu militari se sont installés aux sources les plus fraiches et qui deviennent maintenant de moins en moins des sources.

Il est bon il est beau de penser à 1986. Mais pour préparer l'an 2000 ne faut-il pas faire un petit effort aujourd'hui même

Jean Léopold Dominique.

Massacre de Saint-Jean Bosco

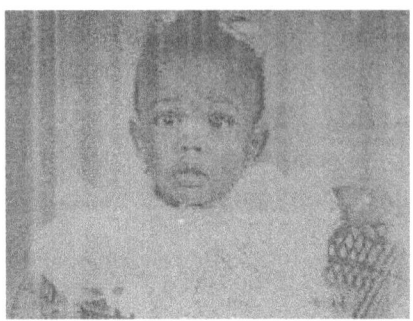

*L'Enfant qui a été poignardé dans le ventre
même de sa mère lors de l'attaque.*

Emission Micro Témoin de Radio Haïti-Inter

Bonsoir, aujourd'hui 11 Septembre, à Micro Témoin, une émission mémoire pour nous souvenir des victimes du 11 septembre 1988 à l'église Saint-Jean Bosco et du militant Antoine Izmeri, assassiné le 11 septembre 1993, alors qu'il participait à une messe à la mémoire des victimes du 11 septembre 1988.

Dans les premiers jours de septembre 1988, les prêtres et les jeunes de l'église Saint-Jean Bosco étaient les cibles d'attaques sporadiques et surtout de menaces diverses comme le rappellera tout à l'heure le père JBA.

Mais malgré leurs inquiétudes, devant l'insistances des fidèles, il décide de célébrer la messe ce 11 septembre 1988 et c'est l'attaque brutale des brassards rouge, accusé par la clameur publique d'avoir agi sur ordre du général Henri Namphy et de l'ex Maire de Port-au-Prince, l'ancien colonel Frank Romain.

Célébration de messe interrompue par des jets de pierres et de tirs nourris. Tout cela peut être entendu sur bande magnétique.

Utilisation d'armes à feu et d'armes blanches sur la cour de l'église que défendaient quelques fidèles se mettant en position de défendre cet endroit sacré au péril de leurs vies.

Quelque chose singulièrement écœurant, à la tombée de la nuit, une lutte s'engagea entre les fidèles qui défendaient leur église et les brassards rouges, ces derniers ont eus raison des fidèles à coups de matraques, de couteaux, et d'armes à feu.

Une femme enceinte a été poignardé ce soir-là et l'enfant qu'elle portait a été aussi atteint. Miraculeusement, les deux ont survécu l'attentat et ont été acheminé à Boston.

Source : Radio Haiti Archives sur SoundCloud.com

Témoignage de Oriel Jean

Lorsque je me proposais d'écrire un livre sur Radio Haiti-Inter, il y a deux-ans, je ne possedais pas encore ce dossier important. Mesdames et messieurs, je vous présente le témoignage d'Oriel Jean, qui a été publié sur youtube. Vous n'êtes pas sans savoir, que ce monsieur a été tué par balles en Haiti, pour ce qu'il croyait être son devoir patriotique.

J'avais dit, dans mon introduction, ignorant cette déclaration, que dans un pays surpeuplé comme le notre, qu'il est inacceptable qu'aucune personne ne vienne aider la justice Haitienne dans le dossier de Jean-Dominique, j'avais eu tort de dire cela, partiellement, parce que je ne connaisais guère l'existance de ce document clé, que je vous présente ici la transcription, comme je l'ai entendu.

Interview réalisée par le journaliste haitien, Joseph Guyler Delva .

-    Oriel Jean eskew kapab eksplike nou kisa oumenm ou kon-nen pa egzanp, ou kon-nen, ou te apran-n, ou te tande ou byen okouran sou dosye Jean Dominique la ?

Oriel Jean - Bon, kòm ou kon-nen e tout moun kon-nen, nan peryòd sa mwen te deuzyèm responsab sekurite prezidansyèl la.

Premye responsab la sete Nesly Lucien, dezyèm responsab la sete mwen menm Oriel Jean. Men patikulyèman kòm Nesly Lucien antan ke responsab Directeur de l'USP, lite responsab tout unite-ya, mwen menm m te detashe menm. M te adjwen misye, men responsab an shèf sekurite prezidan Aristid.

Sa vle di, an fèt tout mouvman, nan peryòd sa, prezidan-an pat prezidan Aristid, lite ansyen prezidan.

- Ou mèt ale, ou mèt kontinye.

- Nan peryòd sa, prezidan-an pat prezidan
Aristid, lite ansyen prezidan. Savle di ke lè prezidan Preval antre sou pouvwa en 1996-1997, donk Lesly Lucien vinn shèf sekurite, mwen menm m vinn shèf sekurite adjwen an shaj ansyen prezidan-an.

E m kapab diw nan peryòd, m kapab gen yon ti pwoblèm sou dat, map rekonstitye kanmenm, nan peryòd ant 99 e 2000 gen yon ofansif ke prezidan Aristid pèsonèlman tap mennen kont Jean Dominique.

Pou senp rezon ke Jean Dominique te trè kritik anvè sekteur Lavalas la. Lap pale de Koripsyon, lap pale de dwòg, lap pale de yo pran lajan leta yo metel nan fondasyon Aristid. Yo fè direkteur APN nan se kouzen prezidan-an. Pewòl APN nan se nan fondasyonl vinn fèt.

Yap pale se Aristid kotel ye-a Tabarre kap dirije Preval. Pouw nonm ninis se nan fondasyon an pou vinn pran-n. Donk misye te trè kritik anvè prezidan-an tout bagay sayo.

-Epòk sa yo te konn ap palew kesyon de gran-manjeur.

- Wi, yo tap pale tout tan de gran-manjeur, duri, tòl. Donk misye tap denonse tout gagòt ke sektè Lavalas la tap fè. Pou byen diw, menm si Preval tela, men tout moun kite minis, tout moun, vrèman fòs Lavalas-la sete Tabarre l te ye.

Nan sans sa prezidan Aristid te panse ke, si Jean Dominique kontinye nan ranse sa e ke pagen moun ki fren-nenl, li pwal yon andikap pouli, poul tounen an 2001.

Ou wè, mwen menm pèsonèlman l te shita poul te pale sa avèm. Misye dim Oriel, gade situasyon Jean Dominique ap frape nou, sinn pa degaje nou pounn fè yon jan pouke nou suspann bagay sa. Ebyen monshè nou mèt di afè pounn tounen 2001-an sapa egziste ankò.

Premye bagay prezidan-an di, mwen pa sonje epòk la, misye di pou frap yo fèt sou Jean Dominique, lap kòmanse ran li yon vizit pèsonèlman. Lal nan Radyo-a, li pale avèk li. Lèsal te nan Radyo-a lèsa m te la tou. M pa sonje dat la.

Men, map palew byen avan sayo rive. Ou wè poul montre ke se zanmil kel pagen anyen avèk li, li aksepte kritik yo nou ka diskute.

Men sapa dekouraje Jean Dominique nan kritik yo. Okontrè, apre vizit sayo li frape pirèd. Men sak pwal mete dlo, sak pwal konplike bagay yo pirèd, selè ke bwi ap kouri ke Jean Dominique ap kandida.

Pa bliye lèsa nap apwoshe vrèman vè eleksyon. Nap pale de Edepèp. Gen yon oganizasyon k te rele Edepèp, e ke prezidan-an menm dim.

-Se pa Edepèp non, sete Kozepèp.

Kozepèp. Prezidan-an menm dim ke, sim pa wè ke Kozepèp sa se yon platfòm politik ke prezidan Preval monte avèk Jean Dominique pou bal baryè?

Pou anpeshel prezidan. Pa bliye ke nan moman sa, se bagay Charles Suffra-a, lal wè peyizan, se vire tounen lal nan Latibonit, lal wè peyizan lòt kote.

Donk vrèman gen yon mouvman kap fèt kipa antre nan lojik prezidan Aristid la. E nan sans sa misye rankontre avèk plizyè moun. Pami lèkèl mwen menm.

Lè misye rankonte avèk mwen, misye dim, Oriel sin-n pa fèmen boush Jean Dominique, Jean Dominique ap fèmen boush nou. E se pawòl sa-a, apre lanmò-a, kipwal fèm wè klè, fèmen boush la, nan ki sans ke l teye.

Mwen menm, nan moman ke yo te dil la, m te panse ke se yon batay dyalektic, yon batay politik, savle di ke, nèg ap pale ou pwal nan Radyo, nap shashe moun tou, poun-n fè repon-n li. Ou du mwens ekri nan mu, lage trak, fè de bagay ki pou pèmèt... moun apfè politik.

Donk misye dim alwè a Mirlande Liberus, se Mirlande Liberus ki an sharj dosye Jean Dominique sa. Misye dim se alwè avèk Mirlande Liberus se Mirlande ki an sharj dosye Jean Dominique sa.

Sèke m fè, m al wè ak Mirlande. Lèm rive kay Mirlande, Mirlande dim, "A m kon-n poukisaw vini."

Li di "prezidan-an voyew kotem?" Mwen di wi, Mirlande Liberus dim, Oriel ou sepa sèl gren-n moun kem rankontre kòm yon shèf sekurite non? M oblije metew okouran poun-n kapab jwen-n supòr ke n bezwen nan menw, parse ke kesyon Jean Dominique lan, fò nou jwen yon bout avèk li.

Paske nan faz nap rive la, afè n panse n pwal sou pouvwa 2001-an, bagay sa nou preske bliyel, paske misye ap mashe sou nou a gran pa e l gen bakop prezidan Preval.

Bon, la mwen menm m pran anpil prekosyon nan sans sa-a. Paske gen de bagay ke prezante.

M paka foure kòm nan detay sa, an menm tan m pake montre m kont pwojè yo. Byen ke pou mwen m diw, nan tèt mwen li pat asasina non. Pou mwen paske m konn abitye, soutyen yap mandem nan, mwen konn abitye bay li deja.

M pwal montrew nan ki sans. Se kòm si m ta diw, antan ke moun m te responsab sekurite, m gen kòb nan menm, m gen mashinn nan menm. Yo konn dim aswè ya, yo bezwen tan kòb, yo bezwen tan mashinn, paske gen yon operasyon trak ki pwal fè, gen yon operasyon ekri nan mu k pwal fèt.

292

Ou du mwens rela lapolis nan zònn sa, di tèl zonn bay zonn sa blansh paske yo gen yon travay yo pwal fè nan zònn nan. Se yon bagay ke m abitye fè, politik pou leta.

Donk m di Mirlande, egzakteman dim kisa ke nap atan-n nan menm ekisa ke li bezwen nan menm?

Li dim ke lap bezwen poum bal yon apòr lojistik. Lap tann ke m bal mashinn, poum bal zamm, rès yo pa depan-n de mwen.

Map bal mashinn, map bal zam, lap mandem kòb m gen poum bay, rès yo pa depan-n de mwen.

M di Mirlande, nan Lapolis la gen yon bagay yo diw ke responsablite paw la li pèsonèl.

Si mwen fè tout bagay sayo avèk ou, san... paske m pap pale avèk prezidan-an map pale avè Mirlande, m gen marj de maneuv poum pale avèl.

M di Mirlande, ou pa defini aksyon yo pou mwen. M gen nan memwa sak pase pastè Leroy. Selè sa m te nan Palais. M di nan ka pastè Leroy-a, nou voye yon unite soti al nanw operasyon avèk mashinn Palais, zam Palais, epi saw tande-a la, pastè Leroy mouri.

Menm kote-a tout sekurite kital patisipe nan bagay sa-a, tout prezante La Justis. Nou menm nou pa bakòp yo. Bon, se nou k te voye yo al nan bagay la, nou rale kò nou, epi nou arete yo tout.

Donk, nan sans sa siw pa defini yon bagay poum kon-n sa bagay la ap fè. Si m voye moun al ladan-n, nenpòt sak pase-ya, yap tonbe sou responsablitem.

293

Alòr la, se guess map guess, paske m poko finn konprann klè. Men nap mashe nan peryòd lanmò-a. Li vinn pa pale avèk mwen ankò, anatandan lap pran kontak avèk lòt moun ki anbam. Paske m gen yon pakèt lòt moun anbam ki osi pwòsh prezidan-an ke mwen menm.

M ka site yo. Nazair, Roland Rival ki shwè prezidan-an, se de moun ke m pagen kontwòl yo. Ki osipwisan ke mwen menm. M pa menm ka bay moun sayo lòd.

Donk m vinn konnen ke, lipa cheke avèk mwen, epwi lap travay avèk moun sayo.

Bwi menm kouri nan menm moman sa-a ke prezidan-an mandem pou m bay apwi, m pa bay apwi. Si m konnen lè prezidan-an monte map shèf sekurite m twonpem.

Se menm peryòd kote ke, prezidan Aristid tegen poul tal nan yon vwayaj, e ke mwen menm, mwen pati devan m al prepare vwayaj la. Se pandan m Miami, m pa kapab baw dat yo, sim fè. Sim al rekonstitwe dat yo, map baw fè yo, yonn apre lòt.

Se pandan mwen menm, mwen Miami, map tan-n prezidan-an vini. Jou sa prezidan-an pa vini, m tande Jean Dominique mouri. Se sak fè prezidan-an pa vini jou sa, lap vinn deman si Dieu veut.

Maintenant, lè prezidan-an vinn rive Miami, se nan Universite Faculte de Droit, Fort Lauderdale litapwale pou yon konferans. Lè prezidan vini, mwen menm inosam-man, m pwal kot prezidan-an m al pale avèl, map di prezidan, mezanmi prezidan, se gwosè bagay sak rive?

Premye sa misye fè, misye di "A Twiiiip" pasken à deux. Misye di "A Tuuuuiiip, pa okipe bagay sa mon shè. Ou tadi se yon delivrans pou peyi d Ayiti." Pwòp mo l!

Ou konprann. Tandiske menm limenm lan, lavèy, savledi anvan l te antre, te kay madanm nan, te sous les lieux, lape, l atriste, de tout kalite bagay. Sa fini.

Lèm antre m al kay Mirlande. Pwiske m twouve sa bizar, koensidans lan oujan dwòl. Pou tout sa n tap pale epi gen kou bagay la vinn pase janl vinn pase-ya.

M di Mirlande, bon sevre bagay sa yo debarase de misye, men kou a du wi. Mirlande dim Oriel apa wap di kou du, ki kou ki du? Nèg sa se yon kansè l te ye pou nou wi. Se misye kitap monte dosye pou mete prezidan Aristid an akuzasyon wi.

Si nèg sa tal prezidan de la République 2001. Nout tout, se soven n tap sove wi?

Dè lors m tou wè kote bagay la soti. M tou wè kibo li soti, san konte lè m nan antre soti kay Mirlande des noms de moun ke non yo nonmen nan bagay la. M wè yo, se yo menm kap antre soti ka Mirlande.

Savle di ke mwen menm m paka diw pèsonèlman, sutou lè misye te mouri m pat la. M paka diw pèsonèlman e ke se entèl ki tirel avèk menl, men m bow egzakteman. Si yap shashe, si gen yon ankèt kap fèt, yap fèl nan Lavalas, yap fèl nan sekteur Makout, yap fèl nan sekteur Valodon. Mwen menm antan ke moun kite responsab sekurite prezidan-an, m bow sa m kon-nen.

295

M baw sa ke m kon-nen. Sa se youn-n.

Sinap kite kesyon lanmo-a soukote, nap pale de kounye-a lè misye finn mouri, prezidan Aristid vinn prezidan kounye-a, sinap pale tout strateji kap fèt pou bloke dosye sa. Li montrew ke gen yon rezon k tap fè pouyo bloke l.

Map baw yon egzanp. Lè pou ordonans sa soti, se mwen pèsonèlman ke prezidan Aristid bay non pote bali, poudi kiyès kinan ordonans lan wi!

- Alors lè pou juj la de soti ordonans lan?

Menm si gen yon juj kap travaj souli, seli kap fè le va e vyen, ant...

Mwen menm, m diw ke prezidan-an personèlman banm papye, li banm non e ke l vle non moun sayo nan ordonans lan, pou soti kom akuze. Fini. Fini.Ordonans potko soti, papye nan menm, kijanw rele direktè Radyo Vizyon 2000 lan?

- Belanger!
Sa se youn-n ke misye tevle, ensiste k poute al an-danl. Lè yo met Belanger, yo met kèlke non. Lèsa mwen menm, m di poum salwe, m pran afè mwen "pap!", m al nan Palais. Paske prezidan an te voyem shashe tout bagay sa yo.

Bon preuv, mwen menm, m pa enbesil, se bon juris mwen ye, m diplome Ecole de Droit. Tout bagay sayo baw indis ke sektè sa-a lipa inosan nan lanmò misye (Jean-Dominique). Paske Jean Dominique te trè jenan pou yo.

Prezidan Aristid ap prepare kandiatul poul retounen en 2001, pou sektè Lavalas la, Jean Dominique selimenm kipwal kandida Preval an 2001 avèk Kozepèp. E Jean Dominique très kritik...

Dezyèm pati entèvyou Oriel Jean sou lanmo Jean Dominique

Li monté radyol lap pale de koripsyon Lavalas, lap pale de dwòg. Li entèpele prezidan Aristid, li di Aristid, li di, si ou padi anyen, sèke ou konplis.

Men ou gen senatèw ki nan dwòg, men lajan leta-a kap sot nan APN, se nan fondasyon an lap gonfle. Men tout sakapfèt nèg ap kraze brize, tout bagay apfèt nan lari-a, e ou padi anyen?

Donk misye tedi donk sepat pousa n te batay. Donk tout pawòl sa yo deranjan.

- M sonje lè Claudy Gassan te sou dosye-a, lite gen pwoblèm tou. Misye te oblije kite peyi-a. Claudy Gassan...

Mon shè lè Claudy Gassan sou dosye-a, m se yon nan moun kite bay Claudy Gassan tout bakòp pouli men-nen dosye-a a tèrm. Pami lèkèl, premye mashinn ke Claudy Gassan tap kondwi sou dosye-a, se mashinn pèsonèl mwen menm ke madamm Calvin kite sekretè egzekitif prezidan-an, nan moman-an, mandem poum prete mashinn sa-a, poum te bay Claudy Gassan. Kem bali, shak mwa, mwen menm pèsonèlman m debloke yon sòm dajan, m pa bezwen dil la, pwiske se pasa kap regle la.

M debloke yon sòm dajan mwen menm, answit se sou sekurite-a yote fè kòb la vini. M pap palew Aristid non, map palew Preval. Se sou sekurite-a kel tefè kòb la vini, pou n te ka pran kòb sa-a, poum remèt a Claudy Gassan poul te men-nen dosye-a a tèrm.

Kan Prezidan Preval ale, prezidan Aristid vini, premye sa l fè, li fèm koupel. Lifè pran mashinn nan nan men Claudy Gassan. Li òrdone pouke sekurite-a trè agresif a Claudy Gassan.

Ou sonje sak te pase kafou?

-Wè m wè.

Lè ensidan Kafou-a rive, polisye kite nan mouvman-an, en-nvòlv nan situasyon an, lite rele Palais National, li di men li jwen avèk Claudy Gassan.

Premye sa lòd Palais National bay, ke prezidan-an bay, se umilye misye omaximòm. Jiskaske yo retire dosye-a nan men misye, epi yo vinn metel nan men Josue. Paske Claudy Gassan tap mashe vè sektè Lavalas la, litap finn pa rive kote bagay la ye-a.

Donk se sa m kon-nen. E lòt bagay m ka diw yo, ou kon-nen trè byen. Mwen te potem volontè nan dosye-a.

M te Miami an Egzil, m patka rantre nan dènye manda prezidan Preval la. Mwen fè vem, poum pran dispozisyonm pou mwen kolabore nan dosye-a. Li dim ekri sa metel sou papye. M ekri nan sekretarya. Responsab sekratarya ale l relem yo voyew kotem. M diskite dosye-a deja. E m antre nan peyim egzakteman pou dosye sa.

M te gendwa rete shwazi Miami. Miami, yopa ni fèm vini, ni depòtem se mwen k shwazi aprè antant mwen menm avèk ou, nou finn pale, enpòtans pou dosye-a m shwazi vini. M pakonn siw gen lòt bagay ou ka...

- Bon m panse ke se trèzenpòtan ke ou ran-n temoyaj sa-a, paske li trè enpòtan poun-n gen limyè sa-a. Paske gen anpil moun jawn kon-nen k aletranje sou dosye-a. Paske dosye-a se yon dosye mondyal liye. Donk m byen kontan.

Ou kon-nen m ap fè rezèv mwen pap site non, men kòm ou kon-nen lè m te depoze devan Juge Dabrezil, lè ou gen yon dosye ki nanmen yon juj, li entèdi pou menm sa m tediya, map voyel deyò.

Se yon bagay m baw an patikulye, pouke ou menm ou travay li. Men ou kon-nen trè byen genlòt bagay, ou kon-nen nan dosye sa, gende moun kisot kay Mirlande, gende moun ke yo te wè, lè zak la finn fèt la, san ap koule nan pye yo. Epi menm moun sayo ap rantre kay Mirlande.

- Ou pagen non moun sa yo?

Youn ladan yo se ansyen majistra Port-au-Prince lan. Ke non l pa vinn nan tèt mwen la.

- Bon, m wè kiyès wi, Harold Sévère.

Donk li klè. M depoze kont Mirlande, poukisa l pa vinn defan-n tèt li?

-Yo relel.

299

Mwen menm mwen diw ke tout montaj sa. Lipa gen yon lòt kotel fèt. Lifèt egzakteman kay Mirlande Liberus. Ki nan moman-an pat senatè sèlman. Sete ko-òdonatris fondasyon Aristid. Moun kigen plis pouvwa menm ke madan prezidan-an.

-M te kon-nen.

E m pap amenaje prezidan Preval non. Paske an ment okazyon, m pwal ade avèl nan mashinn, m pati avèl ade tou, mwen fè avans sou li, sou dosye sa-a. Kòm si m ta dil ke, paske m pranl, prezizan Prezidan Preval kòm l'un des notres.

- Paskel gen enterè sou dosye-a...pou jwen jistis.

Wi. Mwen fèl apròsh, mdil ke an-gade an-dan lakay nou, sise pala lanmò-a soti? M pa kon-n si l te minimizem nan peryòd sa, si m te twò ba... lipa avanse. Li pa avanse. Li vinn pran sa oserye lè ke l pwal tonbe-a. Bon byen ke selè sa-a ou pran dosye-a ou avanse li. Men men-nen l nan kotel pwale. Men map palew lè Jean Dominique fèk mouri. Lèm reyini tout eleman sayo. M ap palew sa prezidan Aristid te dim, sa Mirlande te dim, nan dot reunyon kem patisipe, sa m tande. Paske m te nan yon pozisyon pou m te tande.

- Litekawè twòp pwoblèm pou li.

Wi. Wi, Seli. Bon m te nan yon pozisyon. E pa bliye lèsa tou prezidan Aristid te trè ròfòs tou. Mwen pa kwè ke prezidan Preval tegen twòp manèv. Nan tèt li sete kouri soti, li jetel, lipa prezidan ankò epi l pa konn anyen.

Men mwen menm kitap viv evenman yo. Kiwè tout bagay sayo ap pase devanm. Kitande tout bagay sayo. Kitante moun kap pale, ki wè, ki kon-n tout mouvman kapfèt yo. Gen yon lòt eleman m pap menm diw, prezidan Aristid te menm dim al jwenn avèk Dany.

Li dim gen plizyè moun ki sou dosye-a, al jwen-n avèk Dany. Dany se youn-n nan moun kigen ròl pali poul jwe.

M mete presizyon wi, m pa di Dany Toussaint touye misye non. M diw ke misye te dim ke Dany Toussaint gen ròl pal poul jwe. Ou konpran-n?

Paske prezidan Aristid sekonsa l ye. Se plon gaye kel fè. Li mete plizyè moun sou divès dosye.

Donk mwen menm m fè apwòsh la ba prezidan Preval ade, m vwayaje avèk li ade. Pandan-m voyaje avèk li mwen fè apwòsh la. M fè apwòsh la bòkotel pouke li banm yon espas poum eksplikel sam kon-nen.

M pajwen feedback, m pajwenn bò. Donk se yon prezidal ye m paka fòsel.

Donk mwen menm, samfè la-a, m pa fèl, m pa bezwen kon-nen. Jean Dominique pou mwen li reprezante yon pakèt bagay.

Jou Jean Dominique ap rantre nan peyi-a, si yap pase kasèt sa-a, fò moun wè, moun ki nan tèt mashinn sa se pou mwen. 86 lè nou pran lari pou shanjman, nou konsidere moun sayo kòm pionye kitap bat pou diktatu tonbe.

Savledi m konsidere moun sa yo si yopat la, m patab shèf sekurite. Kotem tap pase poum shèf sekurite nan Palais National? Se yon batay kete fèt kite pèmèt yon espas ouvri kifè ke m kapab te kote m teye-a.

Savledi ke, m wè ke nèg la mouri, men janl mouri-a... M patgen ankenn afilite avèk li non. Jean Dominique pat zanmimm. M te konn al lakay li. Paske shak fwa Preval pwal lakay li leswa se mwen ki ale. Li kon-nenm trè byen. Se mwen k te toujou ale k prepare vizit la.

M konn shita avèk li, li dim konsa,

-Oriel, kilè prezidan-an ap vinn la?

M di ah prezidan-an ap vinn talè konsa. Ou du mwens lè prezidan Preval al lakay li, lè prezidan finn bwè, dòmi pranl li pavlel ale.

Se mwen kal jwenn Jean m di, Jean, leve misye poun ale non. Paske demen si Dyeve fòl ale nan burol wi.

Savledi ke m tegen yon ti relasyon toupiti avèk Jean. Lè yon bagay konsa vinn rive, li frapem pèsonèlman. Li frapem pèsonèlman.

Ou konprann? Li frapem pèsonèlman. Savledi ke sa m ap fè-a la se yon devwa patriotik, se yon kontribusyon map ran-n La Nasyon. Si m ka mete yon ti pièr ki pou pèmèt yon ti lumyè parèt sou dosye sa-a, m ap fèl.

Kelkeswa sa sa koutem.

-M sonje tou, lè m te vinn Miami, m te pale avèw. M pakonn si ou sonje, m te palew de yon lòt moun, m te pale kite dim de bagay kite rejwenn de bagay outap dim yo. Pandan m te an Ayiti. Genw moun mwen te rankontre avan m te vinn Miami, m te diw ke m gen tep-la. Gende bagay ke moun te eksplikem, ou gede bagay ou te vinn eksplikem ke m vinn wè kite konekte.

Bon, sèl sa m ka eksplikew, m ka eksplikew nan plon gaye k tap fèt yo, gen plizyè non lòt moun kitap site. Pami lèkèl ou gen yon doktè m te eksplikew, kese lakay li, anpil reinyon, planifikasyon te konn ap fèt. Pou se misye m ta kapab di... Bon daprès sa yo te di, se misye nan pouvwa kitap vrèman minis de l'Intérieur.

Savledi ke, kay doktè sa-a sou Champ de Mars la, tegen anpil reinyon k te konn ap fèt lakay li. E misye se yon nan nèg, kitap, zamm.. m diw ke moun nan tap mandem nan, damm nan tap mandem nan, madan Mirlande, lite dim ke lap bezwen tan kòb poumm bali, epi lap bezwen tan zamm poumm bay entèl pouli.

Ebyen entèl sa selimenm ki shaje pou regle yon seri de misyon. M pa sonje non doktè-a non. Lèm sonje m ap bawoul, se yon doktè Lavalas doktè pa nou.

-M pa sonje non an tou.

Sa se younn m pakonn se se sa wap pale.

- M sonje ou te palem de sa. Efektivman m diw genlot moun kite palem de sa tou. Kite palem de doktè-a.

Egzakteman. Elèm te pale avèk ou a, se mwen kitap diw li. Ou dim, o pwen sa trè enpòtan, paske gen yon lòt moun kite palem de li. Ki nètman diferan de oumenm. Ou konprann?

- M konprann, yaa !

Kesyon doktè, kesyon sa, bon m blye nan depozisyon m fè devan juj d enstruksyon an, bon m pa janm palel. Si ou pafèm sonje sa, bon m bliyel.

Paske pa blye, safè konbyen tan depi sa pase ?
- Wap pale de?

Bagay Jean Dominique lan ?

-Depi... safè trèzan. Depi trèzan.

De mil... konbyen?

Sapawl fè katòzan. Nan 2000.

Wi 2000, e Avril 2000?

-Wi.

Avril 2000, an Avril pwalfè katòzan.

Savledi ke se konstituye wap rekonstituye les faits. Tèlman gen bagay ki pase nou tou. Apre sa m pran prizon, bagay. Gen dat se detanzantan m ap sonje, m di, o m te wè entèl. Tankou m ap palew m diw m te wè entèl ap rantre kay Mirlande.

Men menm entèl sa yote di ke lè bagay la te sot tonbe yote wè san nan pyel. Menm entèl sa sepousa yo kouri ralel fèl pa majistra. Yo ralel, yon fason pou retire soupson sou li. Ou konprann, li bakòp, pou retire soupson souli.

Savledi gen yon seri de bagay kap vinn.. Bon siw pa dim bagay sa, sekouye-a zafè doktè sa vinn nan menm. M pa enplike doktè-a non paske m pa wè lite... men, mwen diw ke konvèsasyon ke Mirlande, m tegen avèk Mirlande pou voyem kot doktè-a. E dufèt ke m te wè avèk doktè-a tou.

Dufè ke zamm yo dimm poumm bay yo-a, m te bay doktè al. Ou konprann, ou tegen yon lòd. Paske m gen yon lòd poum remèt, poum bay tan zamm ak tan moun, ke m bay yo. Ou wè.
-Bon m pa konn si doktè sa la toujou. Yote dim, eskel la toujou.

M pa konnen. Yote dim misye tal an italy. Lifè kè m pa konnen.

Mysie tegen klinik sou Champ de Mars la e lite ret Boudon. Ouwè, bò kote teren tenis lan. By anbasad de France Bourdon an. Se nan zònn sa m konnen misye rete wi. Kou m sonje non an m ap bawoul. Se yon non ke nou tout kon-nen. Ou konprann se yon non ke nou tout konnen.

Misye tou se konseye prezidan-an lite ye an matyè de sekurite. Se misye, misye te trè lye avèk Bob Manuel, trè lye avèk Denize. Donk, misye te trè lye avèk moun sayo. M konn vinn nan buro Denize, m toujou wèl nan buro Denize tou. Ou konprann, donk alò, qui n'a rien à voir avèk sa map diw la non.

305

Moun sa map palew la mwen pa mete yo nan.. Okontrè moun sa map palew layo yo plis al nan kan Jean Dominque yomenm. Map palew de Bob Manuel de sesi... Yo menm mete moun sayo nan ekip pati politik ki rela Kozepèp-la. Pouyo Kozepèp la sete yon pati politik.

Donk se.. daprè sa Mirlande tap dim tou, tande sepa Jean Dominique sèlman non, nèg yo bay pou e Charles Suffra-a, fò nou fren-nen misye tou.

Misye te gentan pran egzil, ligentan... misye gentan jetel, men sinon kafe misye tap pase a ma menm jan avèk tout moun. Donk, ou konprann?

Donk, encore une fois, janm diw la frè mwen, mwen menm se yon devwa patriotik liye, m pa fèl pou di ke se pandan m nan nesesite m sheshè fèl non. Sa-a, deklarasyon sa m fèl. Mwen fèl lèke m te Miami m te vinn, m shita map travay, kew vinn kotem ou di ke yo voyew vinn kotem paskew kon-nen... m pa konn kotew te pran sa-a, kew konnen m gen dè dosye nan menm, kijan m ka ede?

Depi lèsa m delivre. M delivre depi 2008. Depi 2008, e lèsa m te diw sa m prè poum vini. Swivi pat fèt m pat vini.

-Mèsi bokou, m panse se trèzenpòtan, paske finalman m panse nap rive nan limyè-a. Bagay yo pap toujou fasil, entouka m apresye...

Mon shè mwen menm, sim an vi toujou paske bwi te kouri dènyèman lè prezidan Aristid tal nan pakè-a. Yo kouri di gouvènman-an banm mashinn blen-nde, yo kouri di ke e m gen zamm. Se mwen menm kap fè akuze prezidan Aristid e m poko janm rankontre avèk prezidan-an, prezidan Martelly yon fwa depi m rantre.

M rantre septanm 2012, oswa 2013, m poko janm rankontre avèl, 2012, m poko janm rankontre avèk prezidan Martelly yon fwa nan vim.

Savledi se devwa patriotik mwen ke map fè. M pakonn sa sa ap koutem? Saka koute vimm!

-Wè.
Saka kontrarye fanmim. Paske se pa yon dosye pitil liye. Sepa yon ti dosye piti.

-Mwen menm kap pale avèw la tou m trè konsyan de sa...

Mwen menm map fè sam gen poum fè, sise laverite poum bay, m pap mete yon manti, m pap ajoute yon bagay kipasa. M di egzakteman sa m kon-nen. Sam kon-nen mwen dil.

-Wè. La Jistis a triye ladanl, poul shashe sak verite, sal konprann epi limenm la rann jijman, jistis aki jistis est due.

-Mèsi bokou.

Source : https://www.youtube.com/watch?v=3G7tLm51OhI

Bon Appétit, Messieurs !

Depuis quelques jours circule un étrange discours, discours dirigé contre les indépendants et non les opposants. Subtil distinguo chargé de signification. Nos confrères de la Presse Officielle chantent, semble-t-il depuis... Quelques jours le même refrain à l'unisson. La Presse indépendante, dorénavant c'est terminé ! Fini ! Kaba !

A radio nationale, à la télévision nationale, dans le quotidien officiel, on nous le dit sur tous les tons, taisez-vous messieurs, le bal est fini ! - Sous-entendu, pour les indépendants.

Le bal ? Les victimes accumulées depuis quelques années dans nos rangs, dans nos rangs journalistes, avaient-ils été au bal ? Un bal macabre qui nous rappellerait celui de Rochambeau peut-être ? Un bal travesti ou tomberait enfin les masques. Mais, passons...

Donc, il n'y aurait plus de place en Haïti pour la parole libre. Dorénavant, tout le monde devrait chanter la même chanson.

C'est l'autre face du pouvoir, nous dit récemment un éditorial du ministère de l'information. Les récentes mesures prises contre les journalistes, arrestations, séquestrations, enlèvements, brimades, leur caractère de totale illégalité concrétise cette semaine cette tendance clamée sur tous les toits par nos confrères de la Presse Officielle. Fini, les indépendants ! Fini, la parole libre !

Ici à Radio Haïti, nous nous en rendons bien compte l'on nous vise en priorité. Le scandale du Palais de Justice la semaine dernière. Survenu, huit jours après l'arrestation de compère Filo, est une autre preuve qu'on veut en finir avec notre station dont la défense a été bâillonnée par une mesure arbitraire, illégale, anticonstitutionnelle, au tribunal de cassation.

Maitre Constantin Paul, a pu ainsi être le seul coq à chanter devant les juges. Lundi, la séance était ouverte. Il a pu, tout seul, présenter son plaidoyer, développer ses conclusions, dire, tout seul, tout ce qu'il voulait. Il a pu poursuivre, tout seul, comme il l'a toujours souhaité, comme il le souhaite encore, être seul au prétoire.

Lundi, il semble que la cause soit à présent entendue.

Bientôt, il y aura un arrêt. Devinez dans quel sens ? Avez-vous des doutes ? Moi, je n'en ai pas. Les journalistes officiels veulent aussi, comme cet avocat officiel, être les seuls coqs à chanter. Souhaitons-leur bonne chance !

Au microphone, récit de Jean-Léopold Dominique.
Source : SoundCloud.com

Transcription par Weiner Marthone.

Conclusion

On a pensé que la flamme sera éteinte après avoir tué le feu.
Eh bien, messieurs, vous vous êtes trompés. Ceux-là qui prenaient
tout sans rien donner ne gagneront pas le combat. En tuant les plus
habiles, ils pensent pouvoir éteindre la grande flamme de
l'humanité, cette grande vague qu'est le pouvoir de la pensée
humaine. Aujourd'hui, nous vous disons, bat shen, men tann mèt
li, pawòl pale pawòl konprann. Pèp ayisyen pap jam bliye tout
Moun kite konn defann libètèl ak dwal.

Où étiez-vous, Marthone ? Eh, bien comme des centaines, des
dizaines, des milliers haitiens, j'étais dans l'ombre et lorsque le
babboukèt qu'on m'avait imposé est finalement tombé, le 6 février,
1986, j'étais aux Etats-Unis pendant cinq ans dans une école
d'inginierie à Boston, connue sous le nom de Wentworth Institute
of Technology, poursuivant un diplôme Bachelor in Engineering
of Computer Engineering Technology.

L'apparence est trompeuse, on me croyait footballeur
seulement, ha, ha, c'était là un moyen de subsistance pour vous
faire penser que je figurais parmi des hommes qui ont laissés leurs
études, c'était le manteau dont je m'étais couvert pour ne pas
dissimuler mes capacités. Parce qu'à l'époque de la dictature, on
donnait la chasse aux gens, aux intellectuels du pays. Donc, il
fallait trouver un moyen efficace de me cacher parmi la majorité
ignorante pour ne pas attirer la foudre.

Pour ceux-là qui continuent à intimider, saccager, bruler, tuer,
je vous dis franchement, que l'épée dont vous avez entre les mains
à deux tranchants.

Pour ceux-là qui prennent tout et ne donnent rien en retour, je dois vous dire, l'indigestion vous attend plus loin. Car une fois rassasié vous ne saurez comment dormir la nuit.

Quand j'étais parmi vous, je souffrais amèrement, sans pourtant comprendre la source de mes souffrances. Mais, ma revanche a été d'obtenir ce minimum d'éducation nécessaire pour me propulser vers des horizons où mes rêves sont devenus une réalité. Horizon trompeur, mais qui a maintenu quand même sa promesse de liberté des personnes, la liberté d'accès au crédit, aux finances, et à la propagation de l'information. C'est de cette tour propice à l'épanouissement de l'homme et de cet engin de la créativité que j'écris, il était une fois, UNE RADIO en toute quiétude.

Je ne suis pas étonné d'ailleurs que c'est là aussi que reposent les restes de diffusions de Radio Haiti-Inter.

Je me suis souvent dit que cette nouvelle génération ne se laissera pas faire facilement, parce qu'elle est trop habituée à manifester son droit de vote pour laisser un autre imbécile établir une nouvelle dictature dans ce coin de terre. Mais, comme on dit, un peuple qui n'est pas instruit dans le bon sens, peut être trompé par des hommes rusés qui, au début laisseront croire qu'ils sont des démocrates, et qui pourtant utilisent un bras de fer pour assassiner ses adversaires politiques, les mettre en prison, et même les exiler. Ces genres de dérives c'est ce qu'il nous faut empêcher dans le futur.

Aussi, ce n'est pas normal qu'Haiti continue d'avoir une station de radio et une chaine de télévision gouvernementale. C'est anormal aussi que des individus armés saccagent une station de radio, assassinent les journalistes, et brulent les gens au caoutchouc.

Ce sont des dérives qui ne se produisent pas dans une démocratie. Et, un peuple intelligent doit savoir faire cette distinction de par lui-même que l'un de nos imbéciles avait voulu installer une dictature lorsque ces choses arrivent.

Pour ceux-là qui continuent de piller, de voler, d'assassiner, de faire d'Haiti un enfer. Je vous dis aujourd'hui, que l'enfer que vous envisagez par votre attitude, par vos mauvaises ambitions, cet enfer n'est pas fait pour les pauvres seulement. Vous, vous enfoncez aussi dans l'abîme, mais, c'est un abîme que vous ne possédez pas assez de discernement de voir.

Vous qui refusez de moderniser ce pays, cette modernité viendra à votre insu, et malgré vous, car d'autres gens de bonne volonté viendront le faire à votre place. Vous voulez faire d'Haiti un enfer, cet enfer est pour tous. Ce ne sont pas avec les boulets, la mitraille et l'emprisonnement, que vous finirez par tuer la vérité des jounalistes indépendants, de tous les hommes conséquents et libres de notre temps.

À l'heure ou j'écris ces lignes, Radio-Haiti Inter n'est plus sur les ondes. Après la mort de son époux, Michèle Montas, se sentant menacée, transfèrera les archives de Radio Haiti-Inter à Duke

University en Caroline du Nord, pour s'assurer que des gens de ma génération, possédant toujours quelques brins de matière grise, puisse transcrire ces moments historiques, révélateurs, d'extrême importance, et les mettre à la disposition de la postérité.

Bibliographie

SoundCloud.com, endroit de stockage des archives de Radio Haiti-Inter.

Youtube.com l'interview Oriel Jean, réalisée par le journaliste haitien, Joseph Guiler Delva, disponible sur YouTube.
https://www.youtube.com/watch?v=3G7tLm51OhI

Aimé Césaire, Discours sur le Colonialisme.

Le blog de Veritas http://veritasipsedixit.blogspot.com qui m'a servi comme l'endroit principal de stockage de documents pour tous mes essais.

Points de vente : Barnes & Noble, Amazon, Books A Million
Moteur de recherche : Nom de l'auteur Weiner Marthone

Under Fire blog: http://veritasunderfire.blogspot.com

Livre relatant mes déploiements en Irak et en Afghanistan.

Aussi du même auteur :
A good Haïtian history primer in English
The Colonists Manifesto

www.ingramcontent.com/pod-product-compliance
Lightning Source LLC
Chambersburg PA
CBHW060236290526
45789CB00001B/66